hänssler

New Age

Geheime Gehirnwäsche

Wie man uns heute für morgen programmiert

Mystik und Meditation,
Psychotechniken,
Ökologie,
»Ganzheitliche« Medizin,
Astrologie u. a.

Reinhard König

Neuhausen-Stuttgart

CIP-Kurztitelaufnahme der Deutschen Bibliothek

König, Reinhard:
New age, geheime Gehirnwäsche: wie man uns heute für morgen programmiert;
Mystik u. Meditation, Psychotechniken, Ökologie, »ganzheitl.« Medizin,
Astrologie u. a. / Reinhard König. – 3. Aufl. – Neuhausen-Stuttgart:
Hänssler, 1987.
(Edition C:C; 210: Paperback)
ISBN 3–7751–1186–7
NE: Edition C / C
3. überarbeitete und aktualisierte Auflage 1987
ISBN 3–7751–1112–3 (Erstauflage)
EDITION C-Bücher
EDITION C-Paperback, C 210
Bestell-Nr. 56610
© Copyright 1986 by Hänssler-Verlag, D–7303 Neuhausen-Stuttgart
Umschlaggestaltung: Heide Schnorr von Carolsfeld
Gesamtherstellung: Ebner Ulm

Für Regina

Inhaltsverzeichnis

1. Einleitung

Unsere Welt steckt in einer tiefen Krise. Rüstungswettlauf, Umweltsterben und soziale Probleme weltweit verbreiten unter den Menschen Zukunftsangst. Die globalen Probleme erreichen eine Qualität, die Lösungsversuche nach herkömmlichem, rein politischem Krisenmanagement von vornherein unwirksam erscheinen lassen.

In dieser Situation der Unsicherheit und der Zukunftsangst verkünden die Vordenker einer neuen, optimistischen und zukunftsgläubigen Bewegung die Botschaft, daß die Chancen zur weltweiten Beherrschung dieser Probleme sehr gut stehen.

Die Vertreter des NEW AGE, des »Neuen Zeitalters«, verbreiten eine Sicht der Wirklichkeit, die das Leben des einzelnen und der Menschheit insgesamt völlig und von Grund auf verändern soll. Eine geistige Erneuerung des menschlichen Bewußtseins, die sogenannte Transformation, soll die Menschheit darüber hinaus befähigen, die eigene Zukunft in einer kaum vorstellbaren positiven Weise zu bestimmen.

Der Schlüsselbegriff des NEW AGE ist »Transformation«. Er beschreibt den Prozeß, an dessen Ende das zum kollektiven Überleben notwendige neue Bewußtsein der Menschheit stehen soll.

Auch wenn der Begriff NEW AGE auf den ersten Blick noch fremd erscheinen sollte, so findet man doch schon heute konkrete Auswirkungen dieses Gedankengutes: Die Zielsetzungen und Strategien der großen neuen Volksbewegungen wie Ökologiebewegung, Friedensbewegung und Frauenbewegung werden von den neuen Gedanken maßgeblich geformt.

Dieses Buch soll die Grundlagen, Perspektiven und aktuellen Auswirkungen des NEW AGE aufzeigen. Im *ersten Teil* wird das NEW AGE-Gedankengut anhand von Zitaten der wichtigsten Vordenker dieser Bewegung dargestellt. Der Zugang zu diesem ungemein komplexen und breitangelegten Gedankengut erschließt sich dem Leser vor allem durch charakteristische Original-Zitate von Vertretern des NEW AGE zu den verschiedenen Teilaspekten dieser Weltanschauung. Im *zweiten Teil* wird der NEW AGE-Gedanke mit seinen Teilaspekten kritisch durchleuchtet. Dabei wird auch ausführlich auf die geistesgeschichtlichen Grundlagen eingegangen. Besonderes Gewicht wird auch der Darstellung des NEW AGE-Gedankens in seinem Verhältnis zum Christentum beigemessen. Da sich dieses neue Gedankengut zur Zeit noch in einer Phase stürmischer Entwicklung befindet, können nur die bereits feststehenden, grundlegenden Aspekte dargestellt und besprochen werden. Dennoch hoffe ich, daß dieses Buch einen Beitrag dazu leisten kann, sich mit den gegenwärtigen und zukünftigen Wirkungen des NEW AGE kritisch auseinanderzusetzen. Für den weiter interessierten Leser wurden ausführliche Anmerkungen sowie ein Literaturverzeichnis beigefügt. Außerdem wird Literatur zur weiteren Vertiefung des Themas empfohlen.

2. NEW AGE – was ist das?

Als Einstieg in das Thema soll darauf hingewiesen werden, daß sich zur Zeit eine Vielzahl von neuen Ideen in der Bevölkerung durchzusetzen versuchen, die die Lösung unserer gesellschaftlichen und persönlichen Probleme zum Ziel haben. Dabei zeigt sich, daß immer mehr die Tendenz besteht, sich ganz bewußt irrationalen, »übernatürlichen« Dingen zuzuwenden. Nur ein Symptom unter vielen dafür ist die steigende Bereitschaft der Bevölkerung, sich die persönliche Zukunft durch Horoskope vorhersagen zu lassen. Lasen 1974 noch 44 Prozent der Bundesbürger die Horoskope in den Zeitungen und Zeitschriften, so waren es 1982 schon 54 Prozent.

Psychologen erklären diesen Boom der Astrologie als eine Folge wirtschaftlicher und politischer Unsicherheit. Die anhaltende Krise des wissenschaftlich-technischen Verhältnisses zur Natur hat, so die Psychologen, ein Bedürfnis zur Einbindung der eigenen Person in kosmische Zusammenhänge ergeben.[1]

Auf den ersten Blick erscheint es als paradox, daß gerade in einer Zeit der technischen Erfolge eine Geisteshaltung entsteht, die sich von dem rational-technischen Weltverständnis entfernt. Auf den zweiten Blick allerdings erkennt man, daß es gerade die nüchterne, technisierte Umgebung ist, die im Menschen ein neues Verlangen nach übersinnlichen, nicht naturwissenschaftlich erklärbaren Phänomenen weckt. Nicht umsonst wurden daher auch mystisch-irrationale Filme, wie etwa »E. T.« und »Enemy Mine«, zu wahren Kassenschlagern. Und auf dem Buchmarkt haben Bücher mit mystisch-märchenhaftem Inhalt großen Erfolg.

Dieses Phänomen ist anscheinend weltweit verbreitet. Der amerikanische Historiker Berman bezeichnet diese Entwicklung in einem Buch 1983 als die »Wiederverzauberung der Welt«.[2] Nach einer Phase der »Entmythologisierung« jeglichen Glaubens und einer Epoche der materialistischen Weltsicht schwingt das Pendel nun mit großem Schwung wieder zurück in die andere Richtung.

Erst diese für Mystik empfängliche Grundhaltung weiter Bevölkerungskreise ermöglicht nun die zur Zeit stattfindende globale Verbreitung neuer Ideen, in denen »Spiritualität« und rationales Denken verknüpft werden. Daraus entstehen ganz neue Strategien zur Lösung der die Menschheit bedrängenden Probleme.

2.1. Die Systemschau des Lebens

Die wichtigste und wohl folgenschwerste neue Denkungsart stellt sich in dem sogenannten NEW AGE-Gedanken dar. Das Gedankengut des NEW AGE umfaßt dabei *alle* grundlegenden Bereiche des persönlichen und des gesellschaftlichen Lebens.

Wenn man das NEW AGE-Gedankengut in seiner komplexen Gesamtheit betrachtet, so kann man zwei entscheidende Grundlagen ausmachen, die die Basis für alle Ausprägungen des NEW AGE-Denkens liefern. Diese zwei grundlegenden »Säulen« sind zum einen der sogenannte *wissenschaftstheoretische Ansatz* und zum anderen der *esoterisch-astrologische Ansatz.*

Diese beiden Grundlagen des NEW AGE wollen wir nun im folgenden kennenlernen. Wenden wir uns zunächst den wissenschaftstheoretischen Grundlagen des NEW AGE zu:

Grundlage für das wissenschaftliche Weltbild des NEW AGE ist die sogenannte *Systemschau* der Welt. Diese Sicht beschreibt die Wirklichkeit als ein Geflecht vielfältiger Abhängigkeiten und Beeinflussungsmöglichkeiten. Die Systemschau des Lebens führt bei den NEW AGE-Vordenkern zu einem vernetzten, ganzheitlichen Denken in Sinnzusammenhängen und steht damit im Gegensatz zum herkömmlichen Denken in Kausalzusammenhängen. Dieses neue Denken – die Systemschau des Lebens – wird als ein Ergebnis der neuesten Forschungsergebnisse aus der Atomphysik angesehen. Die primär naturwissenschaftlichen Ergebnisse werden nun seitens der NEW AGE-Vordenker auf alle anderen Bereiche des Seins – auch auf den gesellschaftlichen Bereich – ausgedehnt.

Einer der Vordenker des NEW AGE, der amerikanische Physiker Fritjof Capra, beschreibt das neue Systembild sehr anschaulich in seinem Buch »Wendezeit«. Dieses Buch hat sich heute bereits als das »Kultbuch« der NEW AGE-Bewegung etabliert. Capra schreibt:

> »Die Systemschau betrachtet die Welt im Hinblick auf Zusammenhänge und Integration. Systeme sind integrierte Ganzheiten, deren Eigenschaften sich nicht auf die kleineren Einheiten reduzieren lassen. Statt auf Grundbausteine oder Grundsubstanzen konzentriert sich die Systemlehre auf grundlegende Organisationsprinzipien. In der Natur gibt es in Hülle und Fülle Beispiele für Systeme. Jeder Organismus – von der kleinsten Bakterie über den weiten Bereich der Pflanzen und Tiere bis hin zum Menschen – ist ein integriertes Ganzes und somit ein lebendes System.

Zellen sind lebende Systeme, wie auch die verschiedenen Gewebe und Organe des Körpers, unter denen das menschliche Gehirn das komplexeste Beispiel darstellt. Systeme sind jedoch nicht auf individuelle Organismen und ihre Teile beschränkt. Auch gesellschaftliche Systeme weisen dieselben Ganzheitsaspekte auf – etwa ein Ameisenhügel, ein Bienenstock oder eine menschliche Familie. Schließlich gilt das auch für Ökosysteme, die sich aus einer Vielfalt von in Wechselwirkungen stehenden Organismen und unbelebter Materie zusammensetzen. Was in einem Naturschutzgebiet erhalten wird, das sind nicht einzelne Bäume oder Organismen, sondern das ist das komplexe Gewebe von Beziehungen zwischen denselben. [...]

So wie in der subatomaren Physik die Vorstellung von einer unabhängigen physikalischen Einheit problematisch geworden ist, so ist dies in der Biologie die Vorstellung eines unabhängigen Organismus. Als offene Systeme halten lebende Organismen sich durch intensive Transaktionen mit ihrer Umwelt am Leben und in Funktion, wobei diese Umwelt ihrerseits teilweise aus Organismen besteht. Die ganze Biosphäre – unser planetarisches Ökosystem – ist ein dynamisches und in höchstem Grade integriertes Gewebe von lebenden und nichtlebenden Formen. Obwohl dieses Gewebe auf mehreren Ebenen existiert, gibt es Transaktionen und Abhängigkeiten zwischen allen seinen Ebenen. [...]

Diese Gedanken über die Natur lebender Organismen haben gezeigt, daß die Systemschau des Lebens ihrem tiefsten Wesen nach spirituell ist und sich damit in Übereinstimmung mit vielen Ideen mystischer Überlieferungen befindet. Parallelen zwischen Naturwissenschaft und Mystik gibt es nicht nur in der modernen Physik; sie können heute mit gleicher Berechtigung auf die neue System-Biologie angewandt werden. Das Studium der belebten und der unbelebten Materie führt uns immer wieder zu zwei grundlegenden Themen, die oft auch in den Lehren der Mystik erscheinen – die universale innere Verbundenheit und gegenseitige Abhängigkeit aller Phänomene sowie die zutiefst dynamische Natur der Wirklichkeit. In mystischen Überlieferungen finden wir zudem Gedanken, die für die moderne Physik weniger relevant oder wenigstens noch nicht bedeutsam sind, die jedoch von entscheidender Bedeutung für das Systembild lebender Organismen sind.

Die Idee von einer geschichteten Ordnung spielt in vielen mystischen Überlieferungen eine herausragende Rolle. Wie in der modernen Naturwissenschaft gehört dazu auch die Vorstellung von der Existenz mehrerer Ebenen der Wirklichkeit, die von unterschiedlicher Komplexität sind, aufeinander einwirken und voneinander abhängig sind. Zu diesen Ebenen gehören insbesondere

geistige Ebenen, die als verschiedenartige Manifestationen des kosmischen Bewußtseins angesehen werden. Die Ansichten der Mystik über das Wesen des Bewußtseins sprengen zwar den Rahmen der zeitgenössischen Naturwissenschaft, sind jedoch keineswegs mit den modernen Systemvorstellungen von Geist und Materie unvereinbar. Ähnliche Überlegungen gelten auch für die Vorstellung vom freien Willen, die mit mystischen Anschauungen durchaus vereinbar sind, wenn man sie mit der relativen Autonomie der sich selbst organisierenden Systeme in Verbindung bringt. Die Vorstellungen von Vorgängen, Wandlungen und Fluktuationen, die in der Systemtheorie eine so entscheidende Rolle spielen, finden ebenso starke Beachtung in den mystischen Überlieferungen des Ostens, vor allem im Taoismus. Fluktuation als Grundlage jeder Ordnung, ein von Prigogine [Nobelpreisträger der Chemie, arbeitete über ›Dissipative Strukturen‹, Anm. d. Verf.] in die moderne Naturwissenschaft eingeführter Gedanke, ist ein Hauptthema aller taoistischen Texte. [...] Der Taoismus bringt unter allen östlichen Überlieferungen die ökologische Perspektive am deutlichsten zum Ausdruck. [...]
Wie im Systembild des Lebens gelten Geburt und Tod in vielen Überlieferungen als Stadien eines endlosen Kreislaufs, der die fortgesetzte Selbsterneuerung darstellt, die für den Tanz des Lebens charakteristisch ist. Andere Überlieferungen betonen mehr Schwingungen, die man oft mit ›subtilen Energien‹ assoziiert, und viele andere beschreiben die holonomische Natur der Wirklichkeit – wo ›alles in einem und eines in allem‹ existiert – in Parabeln, Metaphern und poetischen Bildern.«[3]

Die obigen Zitate von Fritjof Capra sollen genügen, um die neue Systemschau des Lebens, wie sie die NEW AGE-Vordenker haben, darzulegen und ihre enge Verbindung von Mystik und rationalem Denken aufzuzeigen. Es existieren noch eine Fülle weiterer Überlegungen von Wissenschaftlern, die diese Systemschau auf unterschiedliche Weise belegen und stützen.

Wenn man die Vorstellungen der NEW AGE-Vordenker bezüglich der Systemschau des Lebens zusammenfaßt, so kristallisieren sich folgende zentrale Thesen heraus, die von allen wissenschaftlichen NEW AGE-Vordenkern mitgetragen werden:

1. Alle Dinge stehen in einer inneren Abhängigkeit voneinander.

2. Das Universum ist in offenen, dynamischen Systemen organisiert, die die Fähigkeit zur evolutionären Höherentwicklung haben.

3. Das Leben des Menschen in einem allseitig verknüpften Universum erfordert ein Bewußtsein, in dem sich der einzelne mit dem Ganzen verbunden fühlt.

4. Das Einssein des Menschen mit dem Universum bildet die Nahtstelle zwischen Wissenschaft und Mystik.

5. Der »ganzheitliche« Denkansatz des NEW AGE drückt sich in dem Grundsatz »denke global und handle lokal« aus.

Faßt man die genannten Grundsätze der Systemschau zusammen, so zeigt sich, daß es letztendlich das Ziel dieser wissenschaftlichen Systemschau ist, eine *wissenschaftliche Begründung* einer mystischen und transzendenten Weltsicht zu liefern. Dieses Bemühen zeigt sich besonders deutlich in den Schriften von Fritjof Capra (s. vorhergehendes Zitat). Die oben angeführten Grundsätze des wissenschaftlichen NEW AGE-Gedankens werden schon seit einiger Zeit in Handlungskonzepte für Wirtschaftsfachleute umgesetzt. Auch in der Wissenschaft, wie etwa der Biologie und der Physik, scheint ein breiter Gesinnungswandel in Richtung dieser neuen Systemschau stattzufinden. Selbst auf politischer Ebene formieren sich bereits Gruppen, die sich dem NEW AGE-Gedanken verpflichtet fühlen, um durch »ganzheitliches« Handeln und Planen die Zukunft positiv zu formen.

2.2. Esoterisch-astrologische Hintergründe des NEW AGE

Die zweite tragende Säule im NEW AGE-Gedankengut, neben der oben dargestellten wissenschaftlich begründeten Systemschau des Lebens, ist der *esoterisch-astrologische* Ursprung* dieser Idee.

Manchmal wird der Ausdruck »Wassermann-Zeitalter« im gleichen Sinne wie der Ausdruck NEW AGE gebraucht. Was sind nun die konkreten Hintergründe dieser Begriffe? Zur Erläuterung muß zunächst ein kurzer Exkurs in die Astronomie gemacht werden:

Durch bestimmte himmelsmechanische Bewegungen verschiebt sich die scheinbare Lage des nördlichen und südlichen Himmelspols durch

---

* *Anmerkung zu »esoterisch«:* Unter Esoterik versteht man im allgemeinen eine Geheimwissenschaft, die nur Eingeweihten verständlich ist. Vor allem die Astrologie sowie die Magie im weitesten Sinne sind solche »Geheimwissenschaften«.

mehrere Sternbilder. Der sogenannte Frühlingspunkt (Stand der Sonne am 21. März jedes Jahres) verschiebt sich dabei etwa alle 2140 Jahre um ein Sternbild. In der Zeit der Zeitenwende – also um das Jahr 0 nach christlicher Zeitrechnung – befand sich der Frühlingspunkt etwa an der Grenze der Tierkreiszeichen Widder–Fische. Heute befindet er sich im Übergang zwischen den Tierkreiszeichen Fische–Wassermann.[4]

Diese astronomischen Tatsachen wurden schon seit alters her von Astrologen interpretiert. Den verschiedenen Tierkreiszeichen wurden und werden dabei bestimmte Eigenschaften und Einflüsse auf den Menschen und die Welt zugeschrieben. Auch der Gedanke vom periodischen Wechsel der Zeitalter, der seinen Ursprung in der Bewegung des Frühlingspunktes durch die verschiedenen Tierkreiszeichen hat, ist schon sehr alt. So versuchte etwa der bekannte mittelalterliche Astrologe Nostradamus aufgrund astrologischer Überlegungen, die diesen Wechsel der Zeitepoche mit den verschiedenen Tierkreiszeichen voraussetzen, bestimmte Entwicklungen in der Christenheit vorauszusagen.[5]

Die Vorstellung von einem Wechsel der Zeitalter (z. B. Fische–Wassermann) wurde in den fünfziger Jahren durch den Schweizer Psychiater C. G. Jung in seinen Werken wiederaufgegriffen.[6] Dieser Autor scheint für die NEW AGE-Vordenker eine sehr große Bedeutung zu haben: Seine Gedanken und Theorien über das »Kollektive Unbewußte« und die »Archetypen« haben einen nachhaltigen Einfluß auf die Repräsentanten des NEW AGE ausgeübt. Das zur Zeit wiedererwachende Interesse breiter Bevölkerungsschichten an den Werken von C. G. Jung läßt sich direkt im Zusammenhang mit der Verbreitung des NEW AGE-Gedankengutes sehen, auch wenn sich mancher Leser nicht dieses Zusammenhangs bewußt sein sollte.

Der Gedanke vom nun anbrechenden Wassermannzeitalter wurde von der NEW AGE-Bewegung erneut belebt, um mit dem Hintergrund dieser astrologisch-astronomischen Ereignisse einen weitreichenden Wandel in der Menschheit einzuleiten. Das Wassermannzeitalter steht nach dieser Sicht für ein Zeitalter der Mystik und Spiritualität sowie der vollkommenen Harmonie der Menschen untereinander und mit dem Kosmos.

Seit dem bekannten Musical »Hair« sind die Ideen des »Wassermannzeitalters« einer größeren Öffentlichkeit vorgestellt worden. In dem Song »Aquarius« – der übrigens von vielen Popgruppen übernommen und ein Riesenerfolg wurde – heißt es:

> »Harmonie und Recht und Klarheit!
> Sympathie und Licht und Wahrheit!

Niemand wird die Freiheit knebeln,
niemand mehr den Geist umnebeln.
Mystik wird uns Einsicht schenken,
und der Mensch lernt wieder denken,
dank dem Wassermann, dem Wassermann!«[6]

Das nun in diesen Jahren anbrechende »Wassermannzeitalter« mit seinen zu erwartenden Veränderungen wird seitens der Vertreter des NEW AGE als ein neu beginnendes Zeitalter, als ein völlig neuer Abschnitt in der Geschichte der Menschheit betrachtet, der in seiner Bedeutung mit dem Übergang des Mittelalters in die Neuzeit verglichen wird.

Dieses »Neue Zeitalter« gab der NEW AGE-Bewegung auch ihren Namen: »NEW AGE« bedeutet soviel wie »Neues Zeitalter«.

Symbol des NEW AGE ist der buntschillernde Regenbogen, der den Brückenschlag des Menschen zum Übermenschen symbolisieren soll. Dieser Regenbogen prangt denn auch auf den Büchern der ersten NEW AGE-Buchreihe (»NEW AGE-Modelle für morgen«, Goldmann-Verlag).

Schon im Begriff »NEW AGE« werden die fundamentalen Unterschiede zum »Old Age«, dem vergangenen Fische-Zeitalter, ausgedrückt. Die von den NEW AGE-Vordenkern vorausgesagten Veränderungen sollen sogar so weit gehen, daß die »Kontinuität der Geschichte durchbrochen wird«. Die positiven Auswirkungen des NEW AGE-Gedankens sollen dann ein neues, ein »besseres Zeitalter« einleiten.

Im Originalton: Definition des »Wassermannzeitalters«

Ein Anhänger des NEW AGE gibt über Herkunft und Ziele des »Wassermannzeitalters« den nun folgenden Überblick. Es lohnt sich, diesen Abschnitt genau zu lesen, weil diese Darstellung des Wassermannzeitalters viele wichtige Aspekte bietet, auf die im folgenden immer wieder Bezug genommen wird.

»Viele Anhänger des ›Neuen Zeitalters‹ datieren den Beginn des Wassermannzeitalters auf den 5. Februar 1962, als sich die Sonne, der Mond (im Neumond) und die fünf Planeten, die dem bloßen Auge sichtbar sind, im Zeichen des Wassermannes gruppierten. Fast alle diese Planeten befanden sich in Opposition zu Uranus im Löwen (Uranus ist derjenige Planet, der das Zeichen des Wassermanns regiert) und bildeten ein Quadrat zu Neptun im Skorpion. Wenn wir uns an die sechziger Jahre erinnern, wissen wir, daß diese Zeit einen Wendepunkt bedeutete. Sie brachte die Explosion vieler bestehender Werte. [...]

Der Beginn des derzeitigen Großen Jahres ist vor dem 10. Jahrtausend v. Chr. überliefert, als die letzte Insel von Atlantis versinkt. Bis ungefähr zum Jahre 4000 v. Chr. wissen wir nichts Genaues, dann taucht das 1. Buch Mose im *Zeitalter des Stiers* auf. Auch die anderen großen Bibeln (Popol Vuh, El libro de los libros de Chilam Balam, die Bhagavad Gita, die Veden und Uphanishaden) wurden im Stier-Zeitalter niedergelegt. [...]

Mit Christus kündigt sich das *Zeitalter der Fische* an. Der Grundton dieses Sternzeichens ist universell, irrational, blinde Liebe (und Haß!), Glaube; das Ideal des Oppositionszeichens Jungfrau oder Reinheit entwickelte sich zu einem einengenden Ideal der Perfektion, der rationalisierenden Logik, wobei etwa die Bibel sogar noch nach zahlreichen Übersetzungen des Originaltextes übertrieben wörtlich genommen wurde. Und damit wurde das kosmische Bewußtseinsfeld des Fischemenschen engherzig, rational und fanatisch (Inquisition) und schlug sich in der Errichtung einer repressiven Gesetzgebung nieder, die Einengung und Frustration brachte. Die Universalität der Fische wurde durch den analytischen Filter der Jungfrau in Hunderte sogenannter christlicher Sekten aufgespalten, Christus von der Jungfrau Maria und unzähligen anderen Heiligen und Dogmen der Kirche in den Hintergrund gedrängt. [...] Das Wirtschaftssystem der Fische-Zeit basiert auf einer Art von Sklaverei oder Aufopferung [...], was später mit einer Massenproduktion verbunden ist.

Das *Wassermann-Zeitalter* auf der Achse Luft/Feuer von Wassermann–Löwe ist dynamischer und müßte eigentlich Kreativität auf allen Ebenen entwickeln [...]. Die Werte und Maßstäbe der Fischezeit (Christentum), die noch immer gegenwärtig sind, scheinen nicht länger relevant zu sein, sondern werden umgeformt oder transzendiert. [...]

Das Zeitalter des Wassermanns wird ein sehr wesentliches, und gleichzeitig auch verwirrendes Zeitalter innerhalb der Menschheitsgeschichte werden, das sich zurück (?) zu einem goldenen Zeitalter bewegt. Es bedeutet den Wandel von der bloßen Existenz zur Bewußtheit (oder zum Bewußt-Sein), was beim einzelnen Menschen schon damit anfangen kann, daß er hier und jetzt er selbst wird und sich in die Zukunft hinein fortsetzt. [...]

Gott ist tot, oder vielmehr: die Vorstellung eines einzigen Gottes, der nur einmal, unter nebulösen Umständen, in einem bestimmten Lande auftritt, sei es nun als alleiniger Gott oder

alleiniger Sohn Gottes, der in einem menschlichen Körper inkarniert (Jesus von Nazareth). [...] Jehova bei den Juden, Zeus bei
den Griechen, und wie sie heißen mögen – sie sind alle tot. *Das
Göttliche ist es, das in allem in Erscheinung tritt* und keinerlei
Gegenleistung verlangt; für jeden Menschen aber, der sich verpflichtet fühlt, verschiedene Kirchen oder Tempel zu besuchen,
ist Gott sehr teuer geworden! [...] das Ende der Angst vor Gott
[hat] Liebe überhaupt erst einmal möglich gemacht.
*Wassermann – das ist offensichtlich Ungehorsam, Anarchie, Revo-
lution.* Es bedeutet das Ende von Göttern aus zweiter Hand, von
Meistern, Gurus und Priestern, Vater und Mutter und noch
vielem mehr. [...] Das Wassermann-Zeitalter wird *die unmittel-
bare Verbindung zwischen dem Selbst und dem Universum* oder
der Kosmischen Energie erleben.
[...] Gewisse okkulte Geheimnisse bleiben nicht mehr auf eine
fanatische Minorität beschränkt, das Okkulte verliert vielmehr
seine Geheimnisse: Es geht nicht mehr darum, ihnen Glauben zu
schenken, sondern darin und aus ihnen heraus sein Leben zu
gestalten. [...]
Im Zeitalter des Wassermanns wird die erotische Liebe (als Löwe-
Ideal), die im Fische-Zeitalter durch das Jungfrau-Ideal von
Repression, Pflicht und Keuschheit abgelehnt und geringge-
schätzt wurde, große Bedeutung erlangen. [...] Familien- und
Paarstrukturen werden nicht länger bestehen, weil Freiheit und
Kreativität wesentlich für den Wassermann sind. [...] Alles, was
wir tun, dient der Freude. [...]
Welche Rolle spielt nun das Spirituelle im Wassermann-Zeitalter? Aufgrund seines integralen Charakters ist auch das Spirituelle darin eingeschlossen. Der Wassermann ist insofern Idealist, als
er ein Mensch ist, der mit beiden Beinen auf der Erde steht und
sich hoch zum Himmel erheben will.
Schauen wir schließlich 2000 Jahre voraus, auf das Zeitalter
des Steinbocks, so wird es sich dabei um eine Epoche der
Stabilisierung von Werten aus dem Wassermann-Zeitalter handeln.«[7]

2.3. Das Neue Paradigma und seine Verbreitung

Wir haben nun als die beiden tragenden Säulen des NEW AGE bzw.
des »Wassermannzeitalters« kennengelernt: den wissenschaftstheoretischen Ansatz (die Systemschau des Lebens) und die esoterisch-astrologi-
schen Hintergründe. Es soll an dieser Stelle noch einmal betont werden,

daß beide Ansätze nur ein Ziel kennen: nämlich die Förderung und Praktizierung von Mystik, Spiritualität und ein Denken in kosmischen Zusammenhängen. Das Ziel ist dasselbe, lediglich die Zugangswege sind verschieden. Auf diesen Aspekt wird an späterer Stelle noch zurückgekommen.

Was sind nun – nach Vorstellungen der NEW AGE-Vordenker – die Voraussetzungen zum Eintritt der Menschheit in das Wassermannzeitalter?

Unabdingbar für den Eintritt ins »Neue Zeitalter« ist es, so die NEW AGE-Vordenker, daß eine umfassende Veränderung des menschlichen Bewußtseins und der menschlichen Denkstrukturen stattfindet. Dieses Umdenken soll die Grundlage dafür schaffen, daß die Menschheit im anbrechenden Zeitalter des Wassermanns ihre »geistigen« und »spirituellen« Kräfte so zu nutzen vermag, daß sie in Übereinstimmung mit sich selbst und der Natur leben und dadurch zu einer neuen, vollkommenen Stufe des Seins gelangen kann. Diese neue Menschheit soll dann frei von zerstörerischen Kräften sein – der Weg zu Weltfrieden und völliger Harmonie scheint geebnet.

Das neue Denken im Zeitalter des Wassermanns wird von den NEW AGE-Vordenkern als das »Neue Paradigma« bezeichnet. Dieses »Neue Paradigma« im Zeitalter des Wassermannes muß das »Alte Paradigma«, das Denken des Fischezeitalters, ablösen. »Paradigma« kann man in diesem Zusammenhang am zutreffendsten als »Denkrahmen« oder »Denkkategorie« bezeichnen.

In allen Bereichen des Lebens und der Wahrnehmung der Wirklichkeit soll nun dieses »Neue Paradigma« zu einem Denken in Zusammenhängen, einem »synthetischen Denken« führen. Dadurch sollen bestehende Gegensätze und Unterschiede ausgeglichen und zu einem neuen Ganzen vereinigt werden. Ziel des »synthetischen Denkens« ist die Lösung von Konflikten und Problemen, die mittels des »Alten Paradigmas«, das auf dem Prinzip des Zerteilens und der Konkurrenz beruhte, nicht gelöst werden konnten.

Die Vision vom neuen Zeitalter steht und fällt mit der Verbreitung des NEW AGE-Gedankengutes in der Öffentlichkeit. Wie stellen sich die NEW AGE-Vordenker nun diese Verbreitung vor?

Man will diese neuen Gedanken nicht lautstark oder gar mit Mitteln der Werbung in die Gesellschaft bringen. Die Öffentlichkeit soll vielmehr langsam und über viele Kanäle auf die erwünschten Veränderungen vorbereitet werden. Dies geschieht dadurch, daß Menschen, die das NEW AGE-Gedankengut akzeptieren und verbreiten wollen, überall in der Gesellschaft für die Verwirklichung dieser Gedanken arbeiten. Diese

Personen sind selbst »transformiert«, das heißt, sie haben ihr Denken im Sinne des »Neuen Paradigmas« verändert. Die bekannte amerikanische Journalistin Marylin Ferguson nennt diese Leute »Verschwörer im Zeichen des Wassermannes«.

Die Medien im Dienste des »Neuen Paradigmas«

Der Verbreitung des NEW AGE-Gedankens kommt es nun besonders zugute, daß zur Zeit bedeutende Innovationen in der Kommunikationstechnik stattfinden. Dadurch ist es erstmals in der Geschichte der Menschheit möglich, so die NEW AGE-Vordenker, daß Menschen über weite Entfernungen miteinander in Kontakt treten. Aus dem ehemals isolierten Individuum ist ein Mensch geworden, der ohne Beschränkungen durch Religion, Rasse und Geschlecht mit anderen, weit entfernten Menschen Kontakt aufnehmen kann.

Vor allem die Möglichkeiten der elektronischen Medien, und hier besonders die der audiovisuellen Medien und des globalen Datenaustauschs, sollen ganz bewußt in den Dienst der Verbreitung des NEW AGE-Gedankens gestellt werden. Dabei wird die Öffentlichkeit langsam und schrittweise – für den Konsumenten der elektronischen Medien nahezu unmerklich – auf die angestrebte »gesellschaftliche Transformation« vorbereitet werden. Hier zeigt sich deutlich, wie schon eingangs erwähnt, daß die NEW AGE-Bewegung absolut nicht technikfeindlich ist, sondern sie will ja im Gegenteil die Vorteile hochentwickelter Technik für die Transformation der Gesellschaft nutzen.

In diesem Zusammenhang ist erwähnenswert, daß bereits im Juni 1986 ein globaler »World-Day« veranstaltet werden soll, der im Sinne des Neuen Paradigmas die Menschen einander näherbringen soll. Über eine weltweite Zusammenschaltung von Fernsehsatelliten sind 97 Länder erreichbar und können gleichzeitig miteinander kommunizieren. Nach der Devise »denke global, handle lokal« sollen neben dem weltweiten TV-Spektakel lokale Aktionen stattfinden, die der Verständigung der Menschen dienen und den Frieden fördern sollen. Die Veranstalter arbeiten übrigens eng mit den Initiatoren des Live Aid-Concerts zusammen, das 1985 stattfand und Hunderte Millionen Zuschauer in der ganzen Welt fand.[8] Es ist bemerkenswert, daß dieses TV-Spektakel im Sinne des NEW AGE-Gedankens durchgeführt wird, ohne daß diese Tatsache zu stärkerer Beachtung oder gar Aufsehen führt.

Eine wichtige Vordenkerin des NEW AGE, die amerikanische Journalistin Marylin Ferguson, spielt auf diesen Mechanismus der Vorbereitung der »gesellschaftlichen Transformation« an, indem sie ihr Buch über

NEW AGE betitelt: »Die sanfte Verschwörung – persönliche und gesellschaftliche Transformation im Zeitalter des Wassermannes«*. In dem Buch schreibt sie:

> »Die Verschwörung des Wassermanns benutzt ihre vielverzweigten Einflußmöglichkeiten, um sich richtig auf die gefährlichen Mythen und Symbole des Alten Paradigmas einzustellen und um überholte Ideen und Praktiken anzugreifen. [...] Unser Planet ist [...] ein globales Dorf. Niemand ahnte, wie schnell der technologische Fortschritt zum Nutzen des Individuums eingesetzt würde, wie schnell uns Kommunikation und Verständigung möglich sein würden. [...] Nun können wir uns gegenseitig finden. Wir können uns gegen die alten, toten Postulate verschwören. Wir können gegen sie leben. Globale Kommunikationsmittel haben unsere Welt eingekreist: Das Rad kann nicht mehr zurückgedreht werden. [...]
> Menschliche Katalysatoren wie die Verschwörer im Zeichen des Wassermanns bringen die neuen Standpunkte überall zum Ausdruck: in Klassenzimmern, im Fernsehen, gedruckt, im Film, in der Kunst, in Liedern, in wissenschaftlichen Zeitschriften, auf Vortragsreisen, während Kaffeepausen, in Regierungsdokumenten, bei gesellschaftlichen Anlässen und im Rahmen neuer Verwaltungspolitik und neuer Gesetzgebung. [...] Die Ideen der Transformation treten auch in Form von Büchern ins Blickfeld: über Gesundheit und Sport, in Diät-Ratgebern, Handbüchern zu Themen wie Geschäftsmanagement, Selbstverteidigung, Streß, zwischenmenschliche Beziehungen und Selbstvervollkommnung. [...] Eine neue Welt bedeutet, wie es die Mystiker immer gesagt haben – einen neuen Geist.«[9]

Aus der Tatsache, daß heute erst relativ wenige Menschen von der Existenz, geschweige den Zielen der NEW AGE-Bewegung wissen, ist die Wirksamkeit der verdeckten, kaum merklichen Verbreitung dieses Gedankengutes ersichtlich. In dieser Verbreitungsstrategie scheint auch der Grund dafür zu liegen, daß zwar Inhalte der gesellschaftlichen

---

* *Anmerkung zu »Verschwörung«:* Die Spekulation über globale Verschwörungen ist ein beliebtes Thema, das untrennbar mit der Geschichte von bestimmten Geheimbünden usw. verbunden ist. Wenn die Autorin M. Ferguson nicht selbst den Begriff der »sanften Verschwörung« ständig benutzen würde, so wäre mir die Definition der Verbreitungsstrategie des NEW AGE-Denkens als eine »Verschwörung« zu riskant. Weil aber die Autorin nicht den geringsten Zweifel an der Existenz einer »Verschwörung im Zeichen des Wassermannes« läßt, so muß man ihre Angaben wohl ernst nehmen. Viele andere Indizien sprechen ebenfalls für den verdeckten Verbreitungsmechanismus dieser Ideen.

Transformation bereits weit verbreitet sind, der Begriff NEW AGE jedoch noch weithin unbekannt ist.

So zeigen etwa die Massenmedien ein auffällig großes Interesse an »mystischen« und »transzendenten« Themen; ebenso wird zur Zeit ein radikal-ökologisches Umweltbewußtsein verbreitet, das wie die angesprochene Hinwendung zur Mystik seine Wurzeln u. a. im NEW AGE-Gedanken hat. Darauf wird jedoch noch an späterer Stelle ausführlich eingegangen.

Die von den NEW AGE-Vordenkern erhoffte gesellschaftliche Transformation auf breitester Ebene mit Hilfe der Massenmedien scheint also in Gang zu kommen. Das Wesen der Ausbreitung dieser Transformation im Sinne einer »Verschwörung« beschreibt Marylin Ferguson selbst folgendermaßen:

> »Wenn man einmal das innere Wesen dieser Transformation begriffen hat, fallen einem möglicherweise viele andere unerklärliche Ereignisse und Trends ein, die in unserer unmittelbaren Umgebung oder in den Nachrichten – Rundfunk, Presse usw. – vorhanden sind.[10]

> Eine Revolution, die sich gerade zu formieren beginnt, wird anfangs – so wie eine wissenschaftliche Revolution – als verrückt angesehen. Während sich ihre Entwicklung klar abzeichnet, erscheint sie alarmierend und bedrohlich. In der Rückschau, wenn die Macht in andere Hände übergegangen ist, scheint der Verlauf vorherbestimmt gewesen zu sein.«[11]

Der neue Optimismus

Nach der vorangehenden Darstellung der Hintergründe des NEW AGE-Gedankengutes aus der Sicht der Naturwissenschaft (Systemschau des Lebens) und der Esoterik (Wassermannzeitalter) sowie der Strategie zur Verbreitung des Neuen Paradigmas sollen an dieser Stelle noch einige grundlegende Gedanken über die Faktoren dargelegt werden, die die rasche Verbreitung des NEW AGE-Gedankens gerade zum jetzigen Zeitpunkt fördern.

Die Strategie des NEW AGE überwindet in ihrem Ansatz gleich zwei scheinbar tief im gesellschaftlichen Denken verwurzelte Ansichten:

Da ist zum einen die Skepsis dem technischen Fortschritt gegenüber, von dem man bisher nicht erwartet hat, daß er die weltweiten Probleme lösen könnte. Im Gegenteil – neue Technologien schienen die Probleme der Menschheit nur noch zu vergrößern; man denke dabei an die Umweltzerstörung durch »Technik« und die Vernichtung von Arbeitsplätzen. Die Auffassung, daß hochentwickelte Technik mehr schade als nütze, schlug sich denn auch in einer vielzitierten »Technikfeindlichkeit« nieder. Die NEW AGE-Strategie macht sich, im Gegensatz zu dieser pessimistischen Auffassung über die »Technik«, die Fortschritte und Chancen neuer Technologien zunutze: Hochentwickelte Technologie wird für eine zukünftige Gesellschaft als unverzichtbar angesehen. Kurz: Das NEW AGE-Gedankengut überrollt auf breitester Front das »no future«-Gefühl und die Ablehnung der Technik.

Die andere für das 20. Jahrhundert grundlegend neue Sicht des NEW AGE betrifft das streng naturwissenschaftlich-materialistische Denken – die NEW AGE-Vordenker nennen dieses Denken den »kartesianischen Dualismus« –, das die Geschichte Europas und Amerikas seit der »Aufklärung« prägte. Diese alten Vorstellungen von Wissenschaft und Weltsicht werden nun zugunsten eines neuen Denkens verlassen, das nun auch ganz konkrete »mystische« und »transzendente« Erfahrungen akzeptiert und praktiziert. Die Vertreter des NEW AGE-Gedankens begründeten ihre Haltung mit dem Hinweis auf die Ergebnisse der modernen Elementarphysik, die die Grenze von »Materialismus« und »Transzendenz« nicht mehr kenne.

Wie bedeutend und umwälzend die neue Sicht der Wirklichkeit ist, erkennt man daran, daß vor nur etwa einem Jahrzehnt in der Wissenschaft strengster, dogmatischer Materialismus geherrscht hat, wie er besonders deutlich in einem Buch des Nobelpreisträgers Jacques Monods (»Zufall und Notwendigkeit«) dargestellt wird.[12]

Zusammenfassend läßt sich sagen, daß der NEW AGE-Gedanke bereits vom Ansatz her über gute Voraussetzungen zur Akzeptanz durch weite Bevölkerungskreise verfügt: Einerseits werden Technik und Wissenschaft genutzt, andererseits nicht auf »Transzendenz« und »Mystik« verzichtet. Reales und Irreales können demnach zwanglos miteinander und nebeneinander existieren. Ein neuer, vor einigen Jahren noch kaum vorstellbarer Optimismus macht sich breit...

Bevor auf die einzelnen Aspekte des NEW AGE eingegangen wird, sei erwähnt, daß der NEW AGE-Gedanke, wie so viele andere Bewegungen auch, bereits stark kommerziell vermarktet wird. Der Buchmarkt wird zur Zeit von einer wahren Flut von Büchern und Zeitschriften zum Thema NEW AGE überschwemmt. In vielen Orten finden Seminare zum Thema NEW AGE statt, deren Spektrum von »Atemschulung« und »Hellsehen« bis zum »biologischen« Gemüseanbau reicht.

Die Initiatoren dieser Kurse sind zum großen Teil engagierte NEW AGE-Anhänger, die einen beträchtlichen Eifer in der Weiterverbreitung des Neuen Paradigmas zeigen. Insofern haben solche Veranstaltungen eine wichtige Funktion bei der gesellschaftlichen Transformation im Sinne des NEW AGE. Allerdings gibt es auch einige Veranstalter, die primär ihren finanziellen Nutzen aus der NEW AGE-Bewegung ziehen möchten und solche Kurse einfach deshalb anbieten, weil sie »in« sind. Dennoch wäre es falsch, das NEW AGE-Gedankengut und seine »Missionare« wegen dieser kommerziellen Randerscheinungen nicht ernst zu nehmen. Die Autoren der »reinen Lehre« des NEW AGE lassen keinen Zweifel an der Ernsthaftigkeit und dem Willen zur Durchsetzung ihrer Strategien. Diese Autoren sind keine versponnenen Einzelgänger, sondern befinden sich nahezu ausnahmslos in wichtigen Stellungen in Wissenschaft und Kultur, in denen sie für die Durchsetzung ihrer Ideen arbeiten wollen.

3. Grundlagen und Weltbild des NEW AGE

Der nun folgende Abschnitt wird die Gedanken der NEW AGE-Vordenker zu bestimmten Aspekten darstellen. Dabei sollen die Vertreter des »Neuen Paradigmas« in Originalzitaten ausführlich zu Worte kommen. Die hier dargestellten Gesichtspunkte werden dann anschließend im zweiten Teil besprochen.

3.1. Allgemeine Grundlagen

3.1.1. Das synthetische Prinzip

Wie schon oben erwähnt, versuchen die NEW AGE-Vordenker, die Welt in Zusammenhängen zu begreifen. Diese Sicht der Wirklichkeit wird als ein »synthetisches Prinzip« – im Unterschied zum zergliedernden, analytischen Prinzip des »Fischezeitalters« – beschrieben. Das »synthetische Prinzip« ist für das Verständnis des NEW AGE-Gedankens äußerst wichtig, weil wir dieses Prinzip in allen Aspekten des »Neuen Paradigmas« wiederfinden können.

> »Eines der wichtigsten Kennzeichen des Neuen Zeitalters ist das synthetische Prinzip. Die bisherige Zeit ist durch ein analytisches, ein zergliederndes Verfahren gekennzeichnet – die positiven Ergebnisse sind zunehmendes Detailwissen, immer exaktere und fundierte Kenntnisse in Teilbereichen; die negativen Aspekte zeigen sich in Zersplitterung, engen Schulenbildungen, Dogmenstreit, Rechthaberei und Besserwissen.
> Der synthetische Geist des New-Age-Bewußtseins bedeutet nicht ein kritikloses Zusammenfügen aller möglichen verschiedenen Traditionen – gemeint ist vielmehr eine Haltung, die alle bisherigen Erkenntnisse aufnimmt, bewertet und je nach ihrem Stellenwert in ein System höherer Ordnung einfügt und transformiert. Eine solche Haltung bedeutet ein solch radikales Umdenken, daß diese sich zeigende wissenschaftliche und gesellschaftliche Umwälzung als ›neue kopernikanische Revolution‹ bezeichnet wurde.«[1]

3.1.2. Die Wiederverzauberung der Welt

Wie schon eingangs erwähnt, wenden sich heute viele Menschen wieder dem Übernatürlichen zu. Dabei fällt auf, daß gerade junge Menschen, die in eine technisierte, materialistisch orientierte Welt hineingeboren wurden, nach tieferem Sinn hinter der Wirklichkeit suchen. Die Frage nach dem Sinn des persönlichen Lebens kann für sie durch den überall gelehrten und vorgelebten Materialismus nicht geklärt werden.

Und gerade diese jungen Menschen sind es, die auf der Suche nach Sinn in den Einfluß von Jugendsekten geraten, weil scheinbar dort etwas geboten wird, was man sucht: Sinn des eigenen Lebens in der Selbstaufgabe für eine Sekte, eine emotionale Orientierung und die Erkenntnis des angeblich einzigen »Heilsweges«. Und wiederum sind es gerade die jungen Menschen, die sich Drogenexperimenten öffnen, weil sie angeblich »transzendente« und erfüllende Erfahrungen für den Drogenkonsumenten bieten.

Auch im NEW AGE-Gedankengut wird auf die Bedürfnisse nach Sinn und »Transzendenz« eingegangen. Im Unterschied zu den bekannten Jugendsekten zielt das NEW AGE aber auf alle Altersstufen. Neben den jungen Leuten sind es vor allem die Menschen mittleren Alters, die sich in Schlüsselpositionen in der Gesellschaft befinden. Man findet bei diesem Gedankengut auch keine isolierte, allein verbindliche Lehre zur Erlangung von Sinn und Verbindung mit der »Transzendenz«, sondern es kommt auch hier die Synthese verschiedener Anschauungen und Wege zur Verbindung mit der »Transzendenz« zum Ausdruck.

Welche Wege zur »Transzendenz« (die von den NEW AGE-Vordenkern häufig auch als »Spiritualität« bezeichnet wird) sind nun möglich?

Zunächst einmal ist das NEW AGE-Gedankengut stark von mystischen, östlichen Vorstellungen und Philosophien geprägt. So werden etwa Methoden zur Entspannung und Versenkung (Yoga usw.) praktiziert und dazu benutzt, die Einheit mit sich selbst und der Natur und dem Kosmos herzustellen.

Dabei ist man sich der Attraktivität dieser Gedanken gerade für junge Menschen bewußt, findet doch der »westliche Mensch, vor allem der junge westliche Mensch, (dort) jene Ganzheit, die er vergeblich suchte. Der Osten ist den dualistischen Irrweg nicht gegangen ...«[2]

Es sollte betont werden, daß zwar einerseits die jeweiligen kulturtypischen Vorstellungen mit den praktizierten Methoden übernommen werden – wie sie sich etwa beim Yoga in dem System des Ying und Yang zeigen –, andererseits aber diese Vorstellungen in ein übergeordnetes, höheres System einer synthetischen Weltanschauung gebracht werden. Dies bedeutet, daß in dieser synthetischen Weltanschauung zwar die »importierten« östlichen Vorstellungen ihren Platz haben, aber nur als eine »spirituelle« Übung unter vielen anderen, gleichberechtigten Wegen zur Spiritualität angesehen werden.

In dem synthetischen Weltbild des NEW AGE haben viele Vorstellungen Raum, sofern sie ein gewisses Maß an »Mystik« und »Transzendenz« bieten. So finden sich Inhalte aus so unterschiedlichen Bereichen wie Christentum, Buddhismus, Islam, Pantheismus und Vorstellungen über im Kosmos lebende Wesen »höherer Intelligenz«; daneben werden auch Erkenntnisse aus der modernen Teilchenphysik herangezogen, um die »wissenschaftliche« Begründung für die propagierte »Mystik« und »Transzendenz« zu liefern.[3]

Die neue »Spiritualität« und »Transzendenz« wird in den Augen der NEW AGE-Vordenker also gleichermaßen von den oben erwähnten Religionssystemen wie auch von den Vorstellungen der modernen Physik gestützt. Die Begründung für die neue »Spiritualität« basiert damit gleichermaßen auf religiös-philosophischen wie naturwissenschaftlichen Anschauungen.

Diese unterschiedlichen Ansätze für die »Transzendenz« werden nun, getreu dem allgemeinen »synthetischen Prinzip« des NEW AGE-Gedankens, zu »einem System höherer Ordnung« zusammengefügt, das jedem – sei er nun Wissenschaftler, Philosoph oder ganz einfach Lieschen Müller – genau die »Spiritualität« im täglichen Leben liefert, die er benötigt. Bleibt noch zu erwähnen, das in dieses System der »Spiritualität« auch Phänomene der Parapsychologie, wie etwa außersinnliche Wahrnehmungen, aber auch Okkultismus und Astrologie gehören.[4]

Als Ziel der spirituellen Übungen wird die Vereinigung mit dem »Geist des Universums« angegeben, das sind »Wesen höherer Intelligenz«, die es »nicht zulassen, daß die Erde in die Irre geht«.[5] (s. 3.2.)

Abschließend sollen noch einige NEW AGE-Autoren zu Worte kommen, die in ihren Zitaten die generelle Zielsetzung des NEW AGE-Gedankens schlaglichtartig beleuchten.

> »Die spirituelle Philosophie des Neuen Zeitalters will uns mit unseren mythischen Wurzeln vereinen. Die gesamte Basis des New Age ist auf Vereinigung aus:
> Die Einheit mit der Natur wird ebensosehr angestrebt wie die Einheit von Geist und Materie bis zur Integration der Gegensätze von Mann und Frau. Auf dieser Suche nach der neuen Einheit, dem Erwachen aus den Verirrungen des cartesianischen Dualis-

mus, der die Moral und die Erkenntnistheorie der abschließenden Phase des ›Alten Zeitalters‹ beherrschte, finden auch die paranormalen Phänomene neue, wache Beobachter...«[6]

»Das New Age mit all seinen Erkenntnissen und Therapien [...] [führt] zu einer umfassenden, zeitgemäßen Ethik – auch einer ganz klaren ökologischen Ethik. [...] Nur soviel sei gesagt, daß der Dualismus der Geschlechter und die sich daraus ergebende Sexualethik ebenso der Vergangenheit angehören werden wie der Dualismus Arbeitgeber/Arbeitnehmer und die auf ihm aufbauende Sozialethik. Diesen Antagonismus gibt es ebensowenig mehr wie – um abschließend den wohl schwerwiegendsten und auch tragischsten in der Geschichte des Abendlandes zu nennen – den Antagonismus Leben/Tod und Diesseits/Jenseits...«[7]

3.1.2.1. Das neue Interesse an Mystik, Mythos und Fantasy

Vielleicht ist es dem Leser schon einmal aufgefallen, daß in den letzten Jahren mythologische und mystische Vorstellungen vermehrt in das öffentliche Interesse gerückt sind. Vor allem der NEW AGE-Buchmarkt zeigt starkes Interesse an der Darstellung der großen abendländischen Mystiker wie Meister Ekkehart, Jakob Böhme und Novalis sowie an Mystikern anderer Kulturen. Das neuerwachte Interesse an diesen Denkern spiegelt den direkten Zusammenhang alter und neuer mystischer Ideen wider. Nach Ansicht der NEW AGEr ist die heutige Suche nach »Spiritualität« nichts anderes als das, was die Mystiker vergangener Zeiten bereits vorgedacht und vorgelebt haben: kontemplative Versenkung und die Erkenntnis grundlegender Spiritualität über alle Religionsgrenzen hinweg.

Auch archaische mythologische Vorstellungen anderer Völker finden das lebhafte Interesse der NEW AGEr. So beschäftigt man sich z. B. mit »indianischer Spiritualität«, »Schamanismus« und dem Denken und religiösen Leben der alten europäischen Völker wie etwa der sogenannten »Megalithenkulturen«. Sogar Mythen wie der von der versunkenen Stadt »Atlantis« sowie solche von Göttern, Kosmogonien und archaischen Kulturen erfreuen sich in der explosionsartig anwachsenden NEW AGE-Literatur einer zunehmenden Beliebtheit.

Durch die Auseinandersetzung mit diesen Themen glaubt man, den wahren, uralten und immer gültigen Formen menschlicher Spiritualität, wie sie sich schon in den frühesten Zeugnissen menschlicher Kultur zeigen, näherzukommen und ihre Relevanz für den Bewußtseinswandel im NEW AGE zu verdeutlichen.

Aus diesem Grunde ist es auch verständlich, daß man seitens der

NEW AGEr vielfach die zu den mythologischen Vorstellungen anderer oder früherer Völker passenden Rituale, wie etwa die Beobachtung von Planetenkonstellationen, Sommer- und Wintersonnenwenden, praktiziert (z. B. Sonnwendfeiern, Wesakfest). Darin sehen die NEW AGE-Vordenker die Möglichkeit, die archetypischen* Formen menschlicher Spiritualität zu erkennen und im Zeitalter des Wassermannes in ihrer reinen, von religiösen Systemen unbelasteten Form in die Wirklichkeit umzusetzen.

Die vermehrte künstlerische Hinwendung in Literatur und Film zu bestimmten fantastischen Themen mit teilweise bizarren Handlungen zeigt ganz deutliche Ausprägungen des NEW AGE-Denkens. Filme wie »E. T.« und »Enemy Mine«, die auf den unvoreingenommenen Betrachter eher komisch oder rührselig wirken, sind letztendlich nur dann in ihren geistigen Hintergrund einzuordnen, wenn man die spirituelle Botschaft dieser jeweiligen Fantasy-Gestalt erkennt. So abstrus die Thematik bei den zur Zeit erscheinenden Fantasy-Romanen oder Filmen auch sein mag – fast immer läßt sich hinter der vordergründigen Handlung ein spiritueller Aspekt im Sinne des NEW AGE ausmachen.

3.2. NEW AGE-Spiritualität

Die sogenannte »NEW AGE-Spiritualität« repräsentiert im Kern ihres Wesens eine umfassende NEW AGE-Religion und breitet sich immer mehr in der Öffentlichkeit aus, ohne daß immer ein direkter Zusammenhang mit organisierten NEW AGE-Gruppen besteht.

Wie weit diese Verbreitung bereits fortgeschritten ist, läßt sich an der Situation in Kanada und den USA zeigen: Dort soll es bereits mehr als 10000 NEW AGE-Gruppen geben, die in »Netzwerken« (siehe 4.3.) organisiert sind und sich zur »NEW AGE-Spirituality« bekennen.[8]

Es ist eigentlich ein nahezu unmögliches Unterfangen, die NEW AGE-Spiritualität in ihren buntschillernden Ausprägungen in einigen wenigen Sätzen darzustellen. Dennoch zeigt sich, daß sich die vielen Ausprägungen dieser »Spiritualität« auf einige wenige Grundannahmen zurückführren lassen:

---

* *Anmerkung zu »archetypisch«:* Der schon genannte Psychiater C. G. Jung nannte die im Unbewußten der Seele gründenden urtümlichen Leitbilder menschlichen Verhaltens »Archetypen« (= das zuerst Geprägte). Archetypische Verhaltensweisen sind daher Verhaltensweisen, die im Kern bei allen Völkern, unabhängig von deren Kulturrahmen, vorhanden sein können. Jung nennt diese Archetypen das »kollektive Unbewußte« (s. C. G. Jung, 1957).

1. Gott wird als eine unpersönliche, alles Sein durchdringende Kraft gedacht.

2. Die Menschheit hat im Sinne des Pantheismus und des Monismus teil an der göttlichen Kraft.

3. Die materielle Welt wird als eine Illusion betrachtet; die echte Wirklichkeit ist der überall wirkende Geist.

4. Erlösung ist ein Zustand des Einsseins mit der göttlichen Erleuchtung, sie wird durch Rituale und verschiedene Techniken erreicht.

5. Das Böse ist der Zustand des Nicht-erleuchtet-Seins.[9]

Diese Grundannahmen finden sich nicht nur bei den Vertretern der NEW AGE-Bewegung, sondern sind auch Gedankengut esoterischer Gruppen und Vereinigungen, wie etwa der Rosenkreuzer, Theosophen und Anthroposophen. Bei diesen Gruppen existiert eine schon sehr lange Tradition in der Praktizierung und Verbreitung dieser Vorstellungen.

Die NEW AGE-Spiritualität erlaubt die Annahme und Übung übersinnlicher und mystischer Erfahrungen und Praktiken und vereint damit, getreu dem synthetischen Prinzip, Aspekte und Vorstellungen verschiedener esoterischer abendländischer Traditionen. Daneben finden aber auch religiöse Systeme des Fernen Ostens Eingang in diese Spiritualität. Sie stellt damit eine neue, synkretistische Religion mit großer integrativer Kraft dar. Auf diesen Aspekt wird im zweiten Teil noch ausführlich eingegangen.

»NEW AGE-CHRISTUS« und die »INVOKATION«

Die dargestellte NEW AGE-Spiritualität hat einen ganz bestimmten Zweck: die Vorbereitung der Menschheit auf das noch in der Zukunft liegende Kommen eines sogenannten »Weltenlehrers«, der dann alle Dinge im Sinne des NEW AGE zum Guten wendet. Diese Religion will die Menschen befähigen, den dann Kommenden, der übrigens schlicht und einfach »Christus« genannt wird, zu erkennen und seinen Weisungen zu folgen. Im Verlaufe der Verbreitung dieser Religion sollen die verschiedenen bestehenden Weltreligionen immer mehr mit der NEW AGE-Spiritualität unterwandert werden, so daß der endgültigen Synthese zur NEW AGE-Religion nichts mehr im Wege steht.

Wer ist dieser »Weltenlehrer«, der sogenannte »Christus«?

> »Eine Menschheit, die das Gute in der Welt hervorbringt und sich weigert, die göttlichen Kräfte zu mißbrauchen, die den Bruderschaftsgedanken pflegt und das Rechte für alle anstrebt und erkämpft, schafft in ihrer Gesamtheit die Voraussetzungen für das Wiedererscheinen Christi, des Weltenlehrers, der auch unter anderen Namen bekannt ist, wie Krishna, Bodhisattva, Imam Mahdi und Maitrea.«[10]

Nach Auffassung der NEW AGE-Vordenker – die sich in diesem Falle mehr auf den esoterischen Grundlagen der Bewegung befinden – soll das Erscheinen des »Weltenlehrers« durch »Menschen guten Willens« gefördert werden können. Solche »Menschen guten Willens« sind die NEW AGE-Anhänger, die überall in verschiedenen Völkern weltweit für ihre Ideale – nämlich die Transformation – arbeiten.

Das Erscheinen »Christi« kann durch diese Menschen dadurch beschleunigt werden, daß sie eine sogenannte »Invokation«, d. h. die Aufforderung an den Weltenlehrer, auf die Erde niederzukommen, in Meditation »beten«. Diese Invokation wird seit 1945 weltweit verbreitet und angewendet. Es ist interessant zu sehen, daß sie ganz bewußt »Wahrheiten ausdrückt, die im Zentrum aller größeren Religionen stehen«.[11] Sie lautet:

INVOKATION

Aus dem Quell des Lichts im Denken Gottes
ströme Licht herab ins Menschendenken.
Es werde Licht auf Erden!

Aus dem Quell der Liebe im Herzen Gottes
ströme Liebe aus in alle Menschenherzen,
möge Christus wiederkommen auf Erden!

Aus dem Zentrum, das den Willen Gottes kennt,
lenke plan-beseelte Kraft die kleinen Menschenwillen zu
dem Endziel, dem die Meister wissend dienen!

Durch das Zentrum, das wir Menschheit nennen,
entfalte sich der Plan der Liebe und des Lichts
und siegle die Tür zum Übel!

Vom Avatar der Synthese, der im Kommen ist,
ströme seine Energie aus in alle Reiche der Natur.

Möge er die Erde zu den Königen der Schönheit emporheben!

Mögen Licht und Liebe und Kraft
den Plan auf Erden wiederherstellen![12]

Das höchste Ziel der NEW AGE-Religion ist also die Einsetzung einer allgemeinen, für die gesamte Menschheit verbindlichen NEW AGE-Religion und die Vorbereitung der Menschheit auf die Ankunft eines »Weltenlehrers«. Alle anderen Aspekte der »NEW AGE-Spirituality« sind diesem Endziel untergeordnet.

Es kann nicht der Sinn dieses Buches sein, alle Schattierungen dieser esoterischen NEW AGE-Spiritualität darzustellen. Jedoch sei ganz kurz angedeutet, daß die NEW AGE-Religion in direktem Zusammenhang mit dem Gedankengut altbekannter Autoren aus Esoterik und Okkultismus steht, deren Gedankengut nun durch das NEW AGE weitestgehend vereinnahmt wird.[13]

Wir wollen an dieser Stelle die Darstellung der allgemeinen Merkmale der NEW AGE-Religion beenden und statt dessen einen Blick auf das Verhältnis der NEW AGE-Spiritualität zum Christentum werfen.

NEW AGE-Spiritualität und Christentum

Unsere Kultur ist stark von christlichem Gedankengut geprägt. Daher hat eine neue Idee zur gesellschaftlichen Veränderung nur dann eine Chance auf breiteste Durchsetzung in der Bevölkerung, wenn sie sich auf die Eigenheiten christlich geprägten Denkens einstellt. Die Vordenker des NEW AGE wenden diese Taktik mit einer erstaunlichen Überzeugungskraft an: Um die NEW AGE-Spiritualität weiterzuverbreiten, wenden sie mit besonderer Vorliebe gerade biblische Inhalte gleichnishaft an.

Dabei werden – wieder unter Anwendung des allgegenwärtigen »synthetischen Prinzips« – christliche Inhalte und Symbole mit Inhalten, die aus anderen Religionssystemen stammen, vereinigt oder, unter Wahrung der äußeren Form, mit gänzlich neuen Inhalten gefüllt.

Ein Beispiel unter vielen für dieses Vorgehen stellt das nun folgende Zitat von Marylin Ferguson dar, die über den Bewußtseinswandel durch die NEW AGE-Spiritualität schreibt:

> »Das Gefängnis ist unser Zerstückeln der Welt, unser Kontrollieren, unsere verzerrte Aufmerksamkeit – das Planen, das Sich-Erinnern, jedoch nicht das SEIN. Über der Notwendigkeit, mit

den Dingen des Alltags zu kooperieren, verlieren wir die Bewußtheit über das Wunder unseres Bewußtseins. Der Apostel Paulus drückte dies folgendermaßen aus: Wir sehen jetzt durch einen Spiegel in einem dunklen Wort, dann aber von Angesicht zu Angesicht. Jetzt erkenne ich's stückweise, dann aber werde ich erkennen, gleichwie ich erkannt bin (1. Korinther 13,12).«[14]

Diese Ergriffenheit von der neuen, alles durchdringenden »Spiritualität« zeigt sich auch im Gefühl einer »Berufung« zur Verbreitung des NEW AGE-Gedankens. Sie wird als ein »starkes Gefühl der inneren Bestimmung, eines inneren Auftrages« gespürt. Dies ist der innere Auftrag zum Wirken im Sinne des »Neuen Paradigmas« in der Gesellschaft, ein säkularer Missionsauftrag.

Die aus dem Erleben der »Spiritualität« resultierenden religiös-emotionalen Gefühle führen dazu, daß die »NEW AGE«-Jünger mit den anderen Verschwörern im Zeichen des Wassermannes« eine beinahe sinnliche Sehnsucht nach Gemeinschaft mit jenen, die der erweiterten Sicht teilhaftig geworden sind«, verbindet.[15]

Wie schon oben erwähnt, stammen einige Elemente der NEW AGE-Spiritualität aus Gedanken der Theosophen und Anthroposophen. Das folgende Zitat zeigt dies besonders deutlich. Hier wird die christliche, endzeitliche Erlösungserwartung mit Vorstellungen der Steinerschen Anthroposophie verbunden.

»In unserer Zeit spirituellen Erwachens ist es besonders drängend, die Polarität der negativen Kräfte zu erkennen, die durch die positive Kraft des Lichts (des Christus) im Gleichgewicht gehalten werden. [...]
Steiner sagte voraus, daß Ahriman sich tatsächlich in einem physischen Körper inkarnieren würde, wie Christus es vor zweitausend Jahren getan hat. [...]
Selbstverständlich gilt das gleiche für Luzifer. In solch apokalyptischen Textstellen wie Matthäus 24 und Lukas 17 werden wir vor Betrügern gewarnt:
Wenn jemand zu euch sagt ›Sieh, hier ist Christus‹, oder ›dort‹, so glaubt es nicht. Denn es werden falsche Christusse und falsche Propheten auftreten und werden große Zeichen und Wunder tun, um womöglich auch die Auserwählten irrezuführen (Matth. 24,23–24).
Sie sind bereits aufgetreten und werden es weiterhin tun, immer häufiger und immer wirksamer. [...]
Unter den an einer spirituellen Bewegung Beteiligten besteht immer die Gefahr luziferischer Unterwanderung, durch die Kanä-

le von Selbstsucht und Selbstverherrlichung. Der Antichrist mag durch das Vehikel scheinbaren Lichts wirken. Wir müssen ständig auf der Hut sein, denn in nächster Zukunft dürften Bewegungen entstehen, die äußerlich überzeugend sind und dennoch Instrumente des Dämonischen. [...]

Wie gesagt leben wir in einer Zeit spirituellen Erwachens. [...] Ein neues Zeitalter bricht wirklich an. Es dürfte daher kaum verwunderlich sein, daß Kräfte, die spirituelles Wissen leugnen und verzerren, sich immer verzweifelter bemühen, ihre Herrschaft zu errichten. Der Kampf von Harmagedon hat wahrhaftig schon begonnen. Jede Seele ist ein Kampfplatz, und jeder muß entscheiden, wem er sich anschließt, wem er die Treue gelobt. [...]

Die Strahlen der Liebe können auf das ewige Wesen im Innern jeder Seele oder Form gerichtet werden. Wie schlecht ein Mensch auch immer ist, er kann durch Liebe und Licht erlöst werden, eine Kraft, der nichts Böses letztlich widerstehen kann.«[16]

Im Zusammenhang mit »spiritueller Erfahrung« wird von den NEW AGE-Autoren häufig der Begriff des »Lichtes« gebraucht. Das Licht symbolisiert das Wesen einer spirituellen, alles transzendierenden Gottheit. Marylin Ferguson schreibt in bezug auf spirituelle Erfahrungen, die im Sinne des »NEW AGE« Gotteserfahrungen sind:

»Licht ist die älteste und durchdringendste Metapher spiritueller Erfahrung. Wir sprechen von Erleuchtung, der Stadt des Lichts, dem Licht der Welt, den Kindern des Lichts, von der Erfahrung des weißen Lichts. [...]

Der Traum von Licht und Befreiung wird poetisch in einem apokryphen zeitgenössischen WASSERMANN-EVANGELIUM JESU CHRISTI zum Ausdruck gebracht. Zu lange schon, so heißt es darin, sind unsere Tempel die Grabmale der verborgenen Dinge der Zeit gewesen, [...] ›Im Licht gibt es keine geheimen Dinge ... Es gibt keine geheime Pilgerschaft auf dem Weg zum Licht. Menschen erreichen die Höhen nur, indem sie anderen die Höhen erreichen helfen ...‹«[17]

Die Tatsache, daß die NEW AGE-Vordenker oftmals christliche Terminologie gebrauchen, darf nicht darüber hinwegtäuschen, daß das Christentum in seinem Absolutheitsanspruch völlig und teilweise brüsk abgelehnt wird. Der Glaube an einen Gott als Person ist demnach überflüssig, weil ein personaler Gott, den NEW AGE-Vordenkern zufolge, gar nicht existiert. Es wird ein anderer Gott verkündet, der synthetische Gott, der als das »grundlegende Gemeinsame« der Religionen und Lebensformen gesehen wird.

> »Wenn man einmal das grundlegende Gemeinsame aller meditativen Methoden und Lebensformen herausschält, darf man als verbindendes Element die Suche nach einer Einigung des Menschen mit seinem ›Selbst‹, mit dem Nirwana oder auch mit Gott ansehen. Letztlich geht es um die Aufhebung der Subjekt/Objekt-Spannung, oder, um es theologisch zu formulieren, um die Erlangung der unio mystica.«[18]
> »In der sich nun formierenden spirituellen Tradition ist Gott nicht die Verkörperung unserer Sonntagsschulmentalität, sondern entspricht einer anderen Dimension. [. . .] Gott wird als ein Fließen, als Ganzheit, als ein unendliches Kaleidoskop des Lebens und des Todes, als letzte Ursache, als Grund des Seins erfahren; als das, was Allan Watts ›die Stille, die aus jedem Laut kommt‹ bezeichnete. Gott ist das Bewußtsein, das sich als Lila, das Spiel des Universums manifestiert, Gott ist die organisierende Matrix, die wir erfahren, aber nicht beschreiben können; das, was die Materie belebt. In Salingers Kurzgeschichte ›Teddy‹ erinnert sich ein spirituell bewußter Jugendlicher seiner Erfahrung eines immanenten Gottes, als er seine kleine Schwester beim Milchtrinken beobachtet. ›Plötzlich sah ich, daß sie Gott war und daß die Milch Gott war. Ich will damit sagen: Alles, was sie tat, war Gott in Gott zu schütten. . .‹«[19]

Gott ist also, so die NEW AGE-Vordenker, auch in der Materie zu finden – hier wird an den klassischen Gedanken des Pantheismus und des Monismus angeknüpft. Die Materie, der Kosmos als Ganzes, wird demnach als von »Gott« durchdrungen angesehen. Der Kosmos selbst erhält dadurch göttliche Eigenschaften und wird interessanterweise – in gewollter Analogie zum christlichen Gottesbegriff – als ein aus drei Teilen bestehendes System gesehen, das verschiedene Dimensionen umfaßt.

> »Die Wirklichkeit ist nicht dual, und jedes Wesen hat drei konstitutive Dimensionen: die kosmische, die menschliche und die göttliche; oder mit anderen Worten: die materielle (raum-zeitliche), die intellektuelle (bewußte) und die mystische (unendliche). Nach einer Periode mystisch-ganzheitlicher Schau wurde in den letzten 3000 Jahren versucht, die Wirklichkeit durch Teilen, Abstrahieren und Spezialisieren zu bewältigen. Die Zeit beginnt nun reif zu werden, die Bruchstücke dieser Teileinsichten wieder zusammenzubringen in eine neue ganzheitliche Schau: Es

gibt keine Materie ohne Geist, keinen Geist ohne Materie, keine Welt ohne Mensch, keinen Gott ohne Universum...

Diese triadische Schau haben wir ebenso im Taoismus; man erinnere sich an das Tai-Chi-Zeichen, bei dem in dem schwarzen Feld sich der weiße Punkt, in dem weißen Feld der schwarze Punkt befindet, während diese zwei Pole von dem dritten, dem Tao als versöhnendem Prinzip, umgeben sind. Desgleichen finden wir diese Dreieinheit wieder in dem Doppel-Tripplett des chinesischen Weisheits- und Orakelbuchs I-Ging, auf der anderen Seite tritt sie uns abermals in der DNS-Doppelspirale entgegen. [...] In dieser Schau verkümmert aber auch der monotheistische Glaube an den allein herrschenden, absoluten Gott; dieser Gott ist dann tatsächlich tot, um allerdings im gleichen Augenblick seine Auferstehung im trinitarischen Leben zu feiern.«[20]

Neben den genannten Unterschieden der NEW AGE-Religion und dem Christentum ist es nur zu deutlich, daß sich die Auffassung vom wiederkehrenden »Weltenlehrer« nicht mit der biblischen Lehre vereinbaren läßt. Aus diesem Grunde wird der christliche Glaube in diesem Punkte »transzendiert« und die Hoffnung der Christenheit auf einen wiederkehrenden Christus der Bibel auf den »NEW AGE-Christus« umgelenkt. Die NEW AGE-Vordenker lassen keinen Zweifel daran, daß sie ein »fundamentalistisches« Christentum – und Judentum – im NEW AGE nicht dulden werden.

3.2.1. NEW AGE-Spiritualität und der Tod

In der letzten Zeit, seit etwa zehn Jahren, mehren sich in der Presse und den anderen Medien die Berichte von Menschen, die aus einem Zustand des »klinischen« Todes durch medizinische Hilfe wieder in das Leben »zurückgeholt« wurden. Diese Menschen schildern den Augenblick des Übergangs vom Leben in den »Tod« als eine unbeschreiblich beglückende Erfahrung. Sie geben an, daß sie im Augenblick des »Todes« nicht die geringste Angst verspürt hätten, ja daß sie sogar mit Freude in das sie im Jenseits erwartende strahlende »Licht« gegangen seien, das sie mit einem überwältigenden Gefühl der Liebe und des Friedens wahrgenommen hätten.

Daneben gibt es noch Erfahrungen von Menschen, die in Hypnose in »frühere Leben« versetzt wurden und ihre Erlebnisse aus diesen »früheren Leben« sehr genau und anschaulich schildern.

Allen diesen Schilderungen liegt die Gewißheit vom Leben nach dem Tode zugrunde, ja, man ist von der Unsterblichkeit der Seele völlig überzeugt. Viele Menschen, die einen solchen »Übergang« erlebt haben, so heißt es in der einschlägigen Literatur, hätten nun keine Angst mehr vor dem Tode, sondern seien von der ewigen Existenz der Seele, die eine unendliche Folge von Wiedergeburten im menschlichen Körper erlebe, überzeugt. Diese Idee von der Wiedergeburt in einen anderen Körper nach dem Tode ist eine uralte Lehre vieler östlicher Religionen und wird als »Reinkarnation« bezeichnet.

Auch in der NEW AGE-Literatur wird die Lehre von der Wiedergeburt vertreten. Allerdings soll der Mensch nicht nur immer wieder auf der Erde geboren werden, sondern er soll viele »neue Leben« in höheren Seinsstufen hinter sich bringen und sich dort bewähren, bis er endlich den Entwicklungsvorgang hin zur »großen Einheit« abgeschlossen hat. Die Seele »muß mit der Zeit nochmals ›sterben‹, um auf höheren Ebenen wiedergeboren zu werden, bis sie schließlich frei ist, sich im himmlischen Reich des reinen Geistes zu bewegen.«[21]

Alles in allem ist die Auffassung der NEW AGE-Autoren bezüglich der Reinkarnation sehr uneinheitlich. Man wird mit einer fast unüberschaubaren Menge verschiedener Versionen der »spirituellen Entwicklung« des Menschen nach dem Tode bekannt gemacht. Aber bei aller Uneinigkeit über gewisse Dinge, die sich nach dem Tode angeblich abspielen sollen, vertreten alle diese Autoren eine Ansicht doch sehr entschieden: nämlich die Ansicht, daß der Mensch nach seinem Tode weiterlebt und in einen Zustand vollkommener Zufriedenheit und vollkommenen Glücks eingeht.

Die Existenz eines richtenden Gottes – wie ihn das Christentum lehrt – wird dabei strikt abgelehnt, weil offensichtlich »die Seele ihr eigener und einziger Richter« ist.[22] Im übrigen sei es »eine sehr primitive und vereinfachende Ansicht, das Gute oder Böse, das man in einem Leben getan hat, bestimme das Schicksal unwiderruflich in alle Ewigkeit. Schon das Wort ›Ewigkeit‹ ist in diesem Zusammenhange unangebracht.«[23] Die Idee einer ewigen Verdammnis wird verworfen:

> »Doch die Vorstellung der ewigen Verdammnis ist mit der jetzt entstehenden Sicht unvereinbar – nämlich daß sich die Seele selbst richtet durch das Mitleiden der Schmerzen, die sie anderen zugefügt hat.«[23]

Neben dem Gottesbegriff und anderen zentralen Aussagen des Christentums wird der christliche Glaube von einem weiteren Faktum größter Wichtigkeit geprägt: von der Gewißheit der Endlichkeit menschlichen Lebens und der Gewißheit der Beurteilung dieses Lebens durch Gott.

Diese Tatsachen sind für die Menschen unter dem »Neuen Paradigma« unangenehm; daher wird bereits seit längerer Zeit versucht, das Phänomen des Todes in einer positiven, die eigene Angst vermindernden Weise darzustellen.

Um die Angst vor dem Tode zu überwinden, haben führende NEW-AGEr daher Therapien zur Bewußtmachung der persönlichen Todesangst entwickelt, mit deren Hilfe »transpersonale Wiedergeburtserlebnisse« herbeigeführt werden können. Mit solchen sogenannten »Rebirthing«-Techniken soll der Mensch die Angst vor dem Tod verlieren.

Das NEW AGE-Gedankengut kennt also keinen »ewigen Tod« und kein »ewiges Leben« im biblischen Sinne: Vielmehr werden die Bedeutung von irdischem Leben und Tod dadurch relativiert, daß das Leben nach dem leiblichen Tod auf einer anderen, höheren Ebene weitergehen soll. Der Tod verliert seinen Schrecken, weil nach dem jetzigen Leben noch viele andere, »spirituelle« Existenzen durchlebt werden, die die Chance zur Läuterung bieten. Am Ende der Läuterungen, die im Laufe vieler Existenzen – vieler »Leben« – erreicht werden, steht die Vereinigung mit den »spirituellen Kräften des Kosmos«. Zu diesen Vorstellungen paßt kein Gott, der den Menschen nach einem einmaligen Leben richtet; daher lehnen die NEW AGE-Autoren einen richtenden Gott, wie ihn das Christentum lehrt, mit großer Vehemenz ab.

Die bekannte Sterbeforscherin Elisabeth Kübler-Ross schreibt zum Thema Tod:

> »Es gibt keinen Tod. [. . .] Meine wirkliche Aufgabe besteht jetzt darin, den Menschen zu sagen, daß es den Tod nicht gibt. [. . .] Man braucht [. . .] nur eins: lernen, ganz still die Verbindung zu sich selbst herstellen, und das kostet keinen Pfennig. Und da hilft es, wenn man erfährt, daß es den Tod nicht gibt und daß in diesem Leben alles seinen positiven Sinn hat. [. . .] Es gibt keinen Zufall. Gott ist kein strafender, niederträchtiger Gott. Wenn du selbst den Schritt hinüber tust, dann kommst du in den Bereich, der als Himmel und Hölle beschrieben wird. Aber das ist eine unvollständige Beschreibung des ›Gerichts‹. [. . .] Und du wirst nicht von einem Gott gerichtet, sondern wirst selbst über dich urteilen, denn du mußt jetzt jede einzelne Handlung, jedes Wort und jeden Gedanken deines Lebens noch einmal ansehen. Du schaffst dir deine Hölle oder deinen Himmel selbst – je nachdem, wie du lebst.«[24]

3.3. Die Ökologie des Wassermannzeitalters

Ein zentraler Aspekt im NEW AGE-Gedankengut ist die neue Sicht der Natur. Hier erkennt man die Prinzipien des »Neuen Paradigmas« besonders deutlich.

Die sichtbare Natur, die den Kosmos einschließt, ist nach Ansicht der NEW AGE-Vordenker von einer kosmischen »Spiritualität« erfüllt. Der Mensch hat deshalb die Aufgabe, in Einklang mit der Natur zu leben, um selbst an der Harmonie des Natürlichen teilzuhaben. In dieser Sicht ist auch der Mensch, als Individuum und als Gesamtheit, ein Teil der ewigen, evolutionär gestaltenden Natur.

Das Gefühl der »spirituellen« Einheit mit der Natur wird nach Ansicht der NEW AGE-Autoren zum religiösen Wissen, quasi zu einem Gottesdienst:

> »Mit einem profunden Wissen um die elementare Einheit der gesamten Schöpfung zu leben, heißt am ›Gottesbewußtsein‹ teilzuhaben. Ein solches Wissen um den tiefen Zusammenhang, der auf Erfahrung beruht, statt auf intellektueller Erkenntnis, ist für mich die Bedeutung des theologischen Konzepts des ›im Stande der Gnade zu sein‹.«[25]

Fritjof Capra gibt ein anschauliches Beispiel für das Gefühl der Verbundenheit, der Harmonie und des Gleichklangs mit der Natur und allem Lebendigen, indem er schreibt:

> »In seltenen Augenblicken unseres Lebens haben wir das Gefühl, in Resonanz mit dem ganzen Universum zu sein. Derartige Augenblicke können sich unter den verschiedensten Umständen ergeben. [...] Diese Augenblicke eines perfekten Rhythmus, wenn alles in vollkommener Ordnung erscheint und mit größter Leichtigkeit getan wird, sind großartige spirituelle Erfahrungen, in denen jede Form des Getrenntseins oder der Aufsplitterung transzendiert wird.«[26]

Die Natur ist wegen der ihr innewohnenden Spiritualität auch die höchste moralische Instanz für menschliches Handeln: Sie ist ja von der »göttlichen« Spiritualität erfüllt, an der jedes Lebewesen und jede natürliche Sache teilhat. Die Integrität und Erhaltung der Natur werden deshalb als die höchsten moralischen Werte angesehen, und alle menschlichen Werte haben sich – weil der Mensch ja ebenfalls als Teil der Natur gesehen wird – demzufolge diesen »Grundwerten« unterzuordnen.

Letztlich ist also die Natur eine in sich selbst ruhende, ewige Existenz, die zu ihrem vollkommenen Sein den Menschen nicht benötigt. Der Planet Erde als unser Lebensraum erhält durch diese Sichtweise die Eigenschaft eines eigenständigen, belebten Wesens. Hier wird bewußt an Vorstellungen der Griechen angeknüpft, die die Erde als Gottheit »Gaia« verehrten.

Die sogenannte »Gaiahypothese« wurde durch moderne Naturwissenschaftler neu aufgenommen und im Sinne des NEW AGE interpretiert. Dazu schreibt ein bekannter Vertreter des NEW AGE:

> »Ähnlich ist der Planet Erde über vier Milliarden Jahre lang ohne die Menschen ausgekommen, und er braucht sie auch jetzt nicht zum Leben. [. . .] Die moderne Zivilisation scheint sich rücksichtslos über die Oberfläche des Planeten zu fressen und innerhalb von Jahrzehnten Bodenschätze zu verbrauchen, die seit Jahren GAIAS Erbe sind. [. . .] Dafür [zur Abwendung einer ökologischen Katastrophe; Anm. d. Verf.] ist es unerläßlich, daß wir unser Verhalten zu uns selbst, zu unseren Mitmenschen und zum Planeten in seiner Gesamtheit aufs radikalste ändern.«[27]

Die diesem Bewußtsein entspringende radikale Verteidigung der Natur und alles »Natürlichen« soll die kosmische Einheit alles Lebendigen sicherstellen. Dieser Auftrag zur Verteidigung der Natur ist seinem Wesen nach, wie schon oben gezeigt, ein religiöses Handeln.

Die ökologischen Vorstellungen des NEW AGE formen neben dem Bild der Natur auch gerade das Menschenbild: Der Mensch des »Wassermannzeitalters« wird danach als ein Ergebnis der niemals abgeschlossenen, »spirituellen« Evolution gesehen. Weil die Evolution in der Sicht der NEW AGE-Vordenker das alleinige herrschende Prinzip darstellt, ist auch verständlich, daß dieses Prinzip zur Einsetzung einer Ethik mit umfassendem Geltungsbereich führt. Diese Ethik wird daher auch als eine »ganz klar ökologische Ethik« bezeichnet. Diese Naturethik gilt nach ihrer Ansicht auch im persönlichen und gesellschaftlichen Bereich – ist doch alles den Prinzipien der »spirituellen« Natur und damit den Prinzipien der Evolution unterworfen.

Ökologiebewegung, Frauenbewegung, Friedensbewegung

Die Ökologiebewegung des NEW AGE versteht sich nicht als eine isolierte gesellschaftliche Kraft, sondern sucht, gemäß dem umfassenden Anspruch des NEW AGE, Kontakt und Vereinigung mit anderen

Interessengruppen. Im Zusammenwirken mit den anderen wichtigen Bewegungen in unserer Gesellschaft – der Friedensbewegung und der Frauenbewegung – soll sich die überall erstarkende Ökologiebewegung als treibende Kraft zur Neugestaltung der Gesellschaft im Sinne des NEW AGE herausstellen.

Die Ökologiebewegung ist in der Sicht der NEW AGE-Vordenker gewissermaßen eine Basisbewegung – eben wegen ihrer direkten Beziehung zur »spirituellen« Natur –, die auch andere Volksbewegungen des »Neuen Paradigmas« aktivieren soll. Sie bildet etwa eine der Grundlagen für die Frauenbewegung – auf der Basis einer neuen Sicht der »weiblichen« Natur als Naturgottheit »Gaia« – ebenso wie für die Friedensbewegung, die die in der Natur vorherrschenden weiblichen Prinzipien auf die soziale und staatliche Ebene übertragen will.

Die NEW AGE-Vordenker erhoffen sich aus der Kombination dieser gesellschaftlich tiefgegründeten Bewegungen einen starken, kulturverändernden Einfluß für die vor uns liegenden Jahre. Dazu schreibt der Physiker Fritjof Capra:

> »Es steht zu erwarten, daß die verschiedenen Bewegungen in der zweiten Hälfte dieser Dekade sich der Gemeinsamkeit ihrer Ziele immer bewußter werden und schließlich gemeinsam eine mächtige soziale Kraft bilden. Ich habe diese Kraft, in Anlehnung an Arnold Toynbee, die ›Aufsteigende Kultur‹ genannt.«[28]

3.3.1. Die Ökologiebewegung des NEW AGE am Beispiel der Partei »Die Grünen«

Es ist in der Öffentlichkeit wenig bekannt, daß sich die »Grünen« als Grundlage zu ihren ökologischen Zielsetzungen die ökologische Betrachtungsweise der NEW AGE-Vordenker zu eigen gemacht haben. Diese Partei stellt weltweit die erste politische Kraft dar, die sich die Durchsetzung des NEW AGE-Gedankens auf politischer Ebene zum Ziel gesetzt hat. Die »grüne« politische Szene in der Bundesrepublik wird von den Vordenkern des NEW AGE-Gedankens aufmerksam beobachtet, weil man hier ein Modell für eine weltweite ökologische Politik sieht. Der schon mehrfach zitierte Physiker Fritjof Capra schreibt dazu:

> »Bislang war grüne Politik, das heißt Politik des Neuen Paradigmas, in der Bundesrepublik am erfolgreichsten, aber das bedeutet keinesfalls, daß sich dieses Phänomen auf die westdeutsche Politiklandschaft beschränkt. [...] Darum brauchen wir eine glo-

bale grüne Politik – mit anderen Worten die Übertragung grüner Perspektiven auf den ganzen Planeten und die gesamte Menschheitsfamilie.«[29]

»Die spirituelle Dimension der grünen Politik wird also in Einklang mit der kulturellen Orientierung grünen Denkens stehen müssen, das heißt, sie wird posthumanistisch, postpatriarchal und postmodern sein müssen.«[30]

In den Parteiprogrammen und Schriften der »Grünen« finden sich alle die Aspekte des NEW AGE, die bereits dargestellt wurden: Naturmystik und Naturreligiosität, Förderung des »Weiblichen«, Bejahung anderer sexueller Orientierungen (Homosexualität), Frauenbewegung, Friedensbewegung, Ablehnung bestehender gesellschaftlicher und politischer Strukturen.[31]

Die »Grünen« haben die allgemeine Besorgnis der Bevölkerung über die sich immer mehr verschärfende Umweltzerstörung geschickt genutzt, um ein neues Naturverständnis einzuführen – die »ökologische« Ethik des »Neuen Paradigmas«. Die Erkenntnis, daß die neue Sicht der Natur auch eine neue Sicht des Menschen zur Folge haben wird und daß diese neue Sicht im Kontext des NEW AGE steht, wird sich wohl erst langsam – wenn überhaupt – in der Bevölkerung durchsetzen.

3.4. Die »ganzheitliche« Medizin des NEW AGE

Seit einigen Jahren kann man in den Medien immer häufiger das Schlagwort von der »ganzheitlichen Medizin« finden. Der »ganzheitliche« Ansatz geht davon aus, daß der Mensch mit seinen Krankheiten als eine Leib-Seele-Einheit betrachtet und behandelt werden muß.

Es ist in der Öffentlichkeit kaum bekannt, daß die Idee der »ganzheitlichen Medizin« eine direkte Folge des »Neuen Paradigmas« ist. Die engagiertesten Verfechter dieses neuen Medizinkonzeptes sind deshalb auch identisch mit den Hauptvertretern des NEW AGE. So hat etwa der Vordenker des NEW AGE, der schon erwähnte Fritjof Capra, in seinem 1980 erschienenen Buch »Wendezeit« auf die Notwendigkeit der neuen Medizin im Dienste des NEW AGE aufmerksam gemacht.

Die Gesundheit des Menschen ist ein wertvolles Gut. Von der Gesundheit und Leistungsfähigkeit des Körpers und der Seele hängen das persönliche Glück und der Erfolg in einem hohen Maße ab. Deshalb ist normalerweise jeder Mensch darauf bedacht, seine Gesundheit wiederherzustellen bzw. sie zu erhalten. Aus diesem Grunde ist der Mensch häufig zu einer Verhaltensänderung zugunsten seiner Gesundheit bereit. Wenn nun eine bestimmte Ideologie, wie die des NEW AGE, verlockende und einleuchtende Strategien zur Gesunderhaltung und Heilung verkündet, so ist die Wahrscheinlichkeit groß, daß mit den medizinischen Strategien auch die allgemeinen Strategien des NEW AGE weitervermittelt werden.

Es ist erklärtes Ziel des NEW AGE-Gedankens, die Transformation auf vielen unterschiedlichen Wegen herbeizuführen. Einer dieser Wege ist das Konzept von der »ganzheitlichen Medizin«. Aus diesem Grunde soll die »ganzheitliche Medizin« an dieser Stelle nun recht ausführlich dargestellt werden.

Die Medizin des NEW AGE – und damit die »ganzheitliche Medizin«– ist eine ganzheitliche, eine »holistische« Medizin, die versucht, Erkrankungen ganz besonders unter dem Gesichtspunkt einer gestörten Harmonie von Geist und Körper mit dem Kosmos zu erfassen. Aus dieser Sicht folgt, daß die bestehenden Systeme des Gesundheitswesens der westlichen Welt von den Vertretern dieser Richtung wegen ihrer Technisierung auf Kosten des kranken Menschen kritisiert werden. Dabei wird gerade auch der Arzt als medizinisch handelnde Person in diese Kritik miteinbezogen:

> »Eines der verbreitetsten medizinischen Probleme unserer Zeit ist die iatrogene [durch den Arzt verursachte Krankheit, Anm. d. Verf.] Krankheit. [...] Eine kürzlich durchgeführte Umfrage ergab, daß 24 % der Öffentlichkeit nicht glaubt, daß Ärzte sehr ethisch und ehrlich sind. [...] Besonders im Licht neuer wissenschaftlicher Erkenntnisse sehen wir rückblickend einige der tragischen Irrwege der Medizin des 20. Jahrhunderts – es überrascht keineswegs, daß es dieselben Fehler sind, die uns in unseren sozialen Einrichtungen plagen. Wir haben den Nutzen von Technologie und äußerlichen Maßnahmen überschätzt und die Wichtigkeit menschlicher Beziehungen und die Komplexität der Natur unterschätzt.«[32]

Die Behandlung der Krankheiten führt in der Sicht der »ganzheitlichen« Medizin des »Wassermannzeitalters« über die »schulmedizinische Allopathie« hinaus und versucht, die geistigen Ursachen für die in dieser Sicht vorausgesetzte Disharmonie zwischen Körper und Geist zu beseitigen. Qualitative Aussagen des Patienten über seinen Gesundheitszustand und über sein Wohlbefinden – z. B. »ich fühle mich gut«, »mir geht es schlecht« – sind dabei von ausschlaggebender Bedeutung für das weitere therapeutische Vorgehen.

In der bisherigen Medizin war es meist so, daß Patienten, die zwar Beschwerden haben, aber keine krankhaften Befunde bieten, leicht in ihrem Leiden an den Beschwerden nicht ernst genommen wurden. Um dieses subjektive Gefühl für das Befinden stärker zu beachten, stützt sich die »ganzheitliche« Medizin kaum auf laborchemische und apparativ-diagnostische Untersuchungen.[33]

Wichtige Heilmethoden der »ganzheitlichen« Medizin werden aus dem Wunsch heraus verständlich, in Harmonie mit dem Kosmos und dem System Körper/Geist zu leben: Akupunktur, Homöopathie, Biofeedback und Meditation sowie weitere Methoden werden als geeignete Verfahren angesehen, diese verlorene Harmonie wiederherzustellen.[34] Auch Verfahren zur Entspannung und zum Streßabbau wie Yoga, Meditation und Atemtraining werden, nach dem Vorbild von Kulturen des Fernen Ostens, als gesundheitsfördernd angesehen: Sie sollen ebenfalls die Kommunikation mit der alles verbindenden »kosmischen Spiritualität« fördern.

Daneben besteht ein reges Interesse an den Heilmethoden anderer Völker – so beschäftigt man sich mit schamanistischen Praktiken der Chinesen, Indianer, Tibetaner, Afrikaner und Japaner. In den USA wurde bereits Ende der 70er Jahre eine medizinische Gesellschaft gegründet, die diese Behandlungsmethoden in der Medizin zu fördern versucht. Es handelt sich um die »Holistic Medical Association«[35]. Die neue, »ganzheitliche« Heilkunst soll nicht nur dem Berufsstand der Ärzte vorbehalten sein, sondern »Heilkundige [...] brauchen keine Ärzte zu sein. [...] Sie sollten jedoch ein Gespür für die vielfachen Einflüsse auf Gesundheit und Erkrankung besitzen«.[36]

Als eine weitere wichtige Erweiterung des therapeutischen Repertoires werden von den Vertretern der »ganzheitlichen« Medizin »Geistheilungen« und »Handauflegen« betrachtet, die gemäß den Auffassungen der ostasiatischen Medizin praktiziert werden. Dabei sollen vom Therapeuten übertragbare »Energien« die jeweiligen vorliegenden Krankheitsprozesse günstig beeinflussen, indem sie »Schwingungen«, »Rhythmen« und »Resonanzen« im Körper des Patienten modulieren.[37]

Da gerade die Homöopathie eine Vielzahl solcher Vorstellungen enthält, wird sie als geeignet angesehen, solche Wirkungen auf den Organismus hervorzurufen.

»Die homöopathische Weltanschauung mit ihrer allgemeinen Betrachtung der Erkrankungen, ihrer Betonung individualisierter Behandlung und ihrem grundlegenden Vertrauen in den menschlichen Organismus kann als Beispiel für viele wichtige Aspekte der ganzheitlichen Gesundheitsfürsorge gelten.«[38]

Bei der Behandlung von Krankheiten durch die »ganzheitliche« Medizin gilt der Grundsatz, daß zuerst die Ernährung in einem positiven Sinne geändert werden muß, sodann sollten Heilkräuter verschrieben werden, und nur im äußersten Notfall sollen synthetische Medikamente zur Anwendung kommen.[39]

Die noch immer bedrohliche Krebserkrankung wird ebenfalls als ein Zustand angesehen, der durch eine Disharmonie des Körper/Geist-Systems hervorgerufen wird. Die Vertreter der »ganzheitlichen« Medizin sehen eine Behandlungschance in der positiven Beeinflussung des Geistes. Nach dieser Vorstellung soll ein gesunder Geist, der sich mit dem »Kosmos« in »Harmonie« befindet, Selbstheilungskräfte aktivieren, die auch eine schon fortgeschrittene Krebserkrankung erfolgreich bekämpfen können.[40]

Außerdem öffnet sich die Medizin des NEW AGE dem Gebrauch von harten Drogen, denen man eine »bewußtseinserweiternde« Wirkung unterstellt. Danach sei der Gebrauch von LSD empfehlenswert, da es Zugang zu dem »kollektiven Unbewußten« verschaffe. Dies soll ein Bewußtsein sein, in dem

> »das Individuum sich mit dem Kosmos als Ganzem verbunden fühlt. [...] Diese Art des Bewußtseins transzendiert oft den logischen Verstand und die intellektuelle Analyse und nähert sich der unmittelbaren mystischen Erfahrung der Wirklichkeit an. [...] Am Ende des Bewußtseinsspektrums gehen die transpersonalen Spektralbänder in die Ebene des Kosmischen Bewußtseins über, auf der man sich mit dem ganzen Universum identifiziert.«[41]

Dabei wird dem LSD bescheinigt: »Es verursacht weniger körperliche Nebenwirkungen als ein paar Gläser Likör, was in Anbetracht der intensiven Erlebnisse, die es vermittelt, erstaunlich ist.«[42]

Wegen seiner »bewußtseinserweiternden« Wirkungen scheint LSD auch Eingang in die Psychotherapie zu finden. Das Ärztemagazin »Selecta« veröffentlichte kürzlich einen Artikel, in dem von »positiven« Ergebnissen des LSD-Einsatzes bei der Psychotherapie berichtet wurde.[43]

Daneben haben sich unter dem Einfluß des NEW AGE-Gedankens neue Richtungen der Psychologie und Psychiatrie herausgebildet. Besonders zu nennen sind dabei die »Gesellschaft für Transpersonale Psychologie« sowie die »Dynamische Psychiatrie«. Diese Richtungen beschreiten bei der Behandlung von psychischen Erkrankungen völlig neue Wege auf der Grundlage des NEW AGE-Gedankenguts.

Allgemeines Kennzeichen der »ganzheitlichen« Medizin ist es, daß bei der Behandlung von Krankheiten und bei der Gesunderhaltung auf schon bekannte »spirituelle« Methoden zurückgegriffen wird. Dies sind Methoden, die auf den Prinzipien der »Kosmischen Kraft« oder der »Lebensenergie« aufbauen; dazu zählen etwa die Homöopathie, Akupunktur und Fußreflexzonenmassage.

Daneben finden aber auch Heilmethoden anderer naturverbundener Völker Anwendung: So befürwortet man den Gebrauch indianischer und ostasiatischer Heilmethoden. Verbindungsglied dieser so unterschiedlichen Methoden ist die Vorstellung, daß durch alle »natürlichen« Heilverfahren die Einheit des Körpers und des Geistes mit der Natur hergestellt werden kann. Diese Einheit soll sich dabei nicht nur auf den Körper, sondern gerade auch auf den Geist erstrecken.

Die »ganzheitliche Medizin« stellt also eine Bewegung dar, die für neue Strömungen auf dem Gebiet der unkonventionellen Heilverfahren noch aufnahmebereit ist. Dabei werden die Einzelelemente dieser »ganzheitlichen Medizin« – auch wenn sie aus unterschiedlichen Kulturen stammen – unter dem Aspekt der Einheit mit Natur und Kosmos miteinander vereinigt. Der bekannteste Vordenker dieser neuen »ganzheitlichen« Medizin – und des NEW AGE – ist der schon mehrfach erwähnte amerikanische Physiker Fritjof Capra. Zur neuen Medizin schreibt er:

»Um eine ganzheitliche Einstellung zur Gesundheit zu entwickeln, die sich mit der neuen Physik und dem Systembild lebender Organismen im Einklang befindet, brauchen wir durchaus kein Neuland zu betreten, sondern können von medizinischen Modellen anderer Kulturen leben. Das moderne wissenschaftliche Denken [...] führt uns zu einer Sicht der Wirklichkeit, die den Anschauungen der Mystiker und solcher kulturellen Traditionen sehr nahe kommt, bei denen das Wissen um den menschlichen Geist und Körper sowie die Ausübung der Heilkunst integrale Teile der Naturphilosophie und spirituellen Disziplin sind.«[44]

Die »ganzheitliche Gesundheitspflege« wird in einem Handbuch zur »ganzheitlichen Medizin« so definiert:

»Techniken, Prinzipien und Praktiken sind nur insoweit nützlich, als wir sie benutzen, um wir selbst zu sein und Ganzheit zu erleben. Ein Kraut, eine Entspannungsmassage, eine psychologische Information heilen uns nicht; wir werden geheilt, wenn wir die Verbindung zu unserem liebenden, vollständigen Selbst herstellen. Je mehr wir lernen, unsere Energien ins Gleichgewicht zu bringen und schwierige Situationen schöpferisch zu bewältigen, desto eher sind wir in der Lage, zur individuellen und kollektiven Evolution beizutragen.«[45]

»Wichtiger als die Techniken selbst ist vielleicht die Fähigkeit, die Erweiterung des Bewußtseins zu fördern; all diese Techniken zielen darauf ab, deinen Blick dafür zu schärfen, daß du mit deinen Beziehungen zu deiner Innen- und Außenwelt ein Ganzes bist.«[46]

3.4.1. Methoden der »ganzheitlichen Medizin«

Eine Aufstellung der Methoden der neuen Medizin muß unvollständig bleiben, weil nahezu alle Heilmethoden – außer der naturwissenschaftlich begründeten Medizin – in diesem Gedankengebäude ihren Platz finden können. Daher sollen im folgenden nur jeweils die in der »ganzheitlichen Medizin« wichtigsten Heilmethoden genannt werden.

Yoga

Yoga wird zur Entspannung und zur Einsicht in das eigene Innere praktiziert. In den verschiedenen Stufen der Versenkung nimmt man teil an der Einheit der Natur. Aus dem Gefühl der Einheit und der »Ganzheit« soll dann die eigene Gesundheit erwachsen.

> »Yoga will den Schüler nicht zu etwas machen, was er nicht ist, sondern er soll nur ganz zu dem werden, was er schon ist. [...] Gesundheit ist die Fähigkeit, sich frei und bewußt von einem inneren Brennpunkt zu einem äußeren zu bewegen, vom Rationalen zum Nicht-Rationalen, von der Konzentration auf materielle Werte zur Einheit mit den metaphysischen Werten des höheren Selbst. Vor allem ist Yoga ganzheitlich und integrativ und akzeptiert das innere Wesen des Menschen. Er bestärkt das Leben, nimmt aber auch den Tod an. Er ist ein Vorgang und ein Ziel. Und er ist ein machtvolles und vielseitiges Instrument, um Gesundheit herzustellen und zu verstehen.«[47]

Akupunktur

In der »ganzheitlichen Medizin« nimmt die Akupunktur eine wichtige Stellung ein. Besonderes Gewicht wird dabei auf die geistig-philosophischen Grundlagen dieser Methode gelegt. Dabei spielt der Begriff der »Lebensenergie« eine besonders wichtige Rolle. Diese »Lebensenergie« durchströmt angeblich den gesamten Kosmos und belebt ihn. Der

Mensch hat nach dieser Sicht Teil an ihr. Nach dieser Auffassung hängen Gesundheit und Krankheit vom richtigen Fluß der »Lebensenergie« im Körper ab. Die »Energie« wiederum wird von dem Zustand des »Ying und Yang« beeinflußt, denn »das ganze Universum ist ein Oszillieren (wechselnde Schwingung) von Ying und Yang«. Mittels der Akupunktur sei es nun möglich, diese »Energie« so zu leiten, daß die Gesundheit erhalten oder wiederhergestellt werden kann.[48]

Zur Verdeutlichung des philosophisch-weltanschaulichen Hintergrundes der Akupunktur in der »ganzheitlichen Medizin« sollen folgende Zitate dienen:

> »Der Ursprung des Lebensweges, der Geburt und des Wandels ist Ch'i (Lebensenergie). All die myriaden Dinge des Himmels und der Erde gehorchen diesem Gesetz. So umschließt Ch'i nach außen hin Himmel und Erde, und von innen her belebt es sie. [...] Des Menschen Halt am Leben hängt vollkommen von diesem Ch'i ab.«[49]

> »Die Entdeckung der Akupunktur im Westen ist ein sehr wertvoller Schritt in Richtung auf eine Öffnung unseres Bewußtseins für ein Heilsystem, das die *ganze* Wirklichkeit und die in jedem von uns liegende Vitalität und Selbstheilungskraft berücksichtigt.«[50]

Homöopathie

Auch bei der Homöopathie wird seitens der »ganzheitlichen Medizin« der Begriff der »Energie« zum Schlüsselbegriff. Versuchen herkömmliche Homöopathen ihre Theorien noch »wissenschaftlich« zu beweisen, so betonen die Vertreter der »ganzheitlichen Medizin« die Bedeutung der in den homöopathischen Medikamenten wirkenden »Energie«.

> »Die Lebenskraft des Menschen, die bei Krankheit und Gesundheit im Spiel ist, hat weder materiellen Charakter, noch ist sie sichtbar. Um heilen zu können, muß die Arznei in ihrem Schwingungscharakter der Schwingung der Störung ähnlich sein, muß dieselbe Frequenz haben, wenn man so will.« – »Die Homöopathie kann den Organismus umstimmen, korrigieren und reinigen, ihn zu einem funktionstüchtigen und feinfühligen Instrument machen. Dies ist zwar eine Grundvoraussetzung, aber wirkliche Gesundheit ist viel mehr als das: Sie stellt sich ein, wenn der Mensch sein ganzes Sein mit der Schöpfung in Einklang bringt.«[51]

»Unter allen heilkundlichen Ansätzen ist das Handauflegen einer der direktesten. [...] Energie ist die Kraft, die alle Manifestationen miteinander verbindet – sichtbare und unsichtbare, geistige und körperliche. Sie ist zugleich ein physiologisches und ein mystisches Phänomen. Manche Menschen können sehen, wie die Energie durch den menschlichen Körper wandert und aus seiner Oberfläche austritt. Wir alle könnten sie fühlen, würden wir uns nur Zeit dafür nehmen.«

»Viele Menschen teilen Energie in gute und schlechte ein. [...] Für mich ist Energie als solche neutral. Die Art, wie wir sie durch uns hindurchleiten, bestimmt unsere Vitalität oder Zerfahrenheit. [...] Wenn wir uns (zum Beispiel beim Handauflegen) einem anderen Menschen öffnen, kann es geschehen, daß wir durch Resonanz auf der Frequenz des anderen zu schwingen beginnen. Es gibt aber Methoden, uns selbst zu stärken und gegen solche Einflüsse zu schützen. Zu diesen Methoden gehören die folgenden: Meditieren; sich ein weißes Licht vorstellen, das einen bei der Arbeit umgibt; die Energien bei der Arbeit durch die Füße in den Boden ableiten. [...]«

»Wir alle sind Heiler, und wenn wir uns selbst zu offenen Kanälen für die Lebensenergie machen, ist das Handauflegen jedem von uns zugänglich.«[52]

Weitere Methoden

Weitere Inhalte der »ganzheitlichen Gesundheitspflege« sind die Einhaltung bestimmter Ernährungsrichtlinien, das Fasten zur »Entschlakkung«, eine ausgewählte Ernährung zur Krebsverhütung und Krebsbehandlung sowie Methoden zur Entspannung und Konzentration. Auch die Irisdiagnose wird empfohlen als ein »Bindeglied zwischen Makrokosmos und Mikrokosmos«.[53]

Neben diesen mehr oder weniger »körperorientierten« Therapien – die nach Ansicht der Vertreter der »ganzheitlichen Medizin« auch ihre geistigen Wirkungen haben – werden sehr viele, aus dem ostasiatischen Kulturraum stammende Techniken zur Meditation und Kontemplation empfohlen. In diesem Zusammenhang ist besonders das Yoga in allen seinen Spielarten zu nennen. Der deutliche religiöse Aspekt des Yoga wird dabei seitens der »ganzheitlichen« Medizin akzeptiert und gefördert.

Eine wichtige Rolle innerhalb der »ganzheitlichen« Medizin spielen auch die »Atemtechniken«. Der Atem spielt in der ganzheitlichen Sicht der Wirklichkeit deshalb eine so bedeutende Rolle, weil er als Abbild oder Gleichnis des kosmischen »Atems«, der alles durchdringenden, göttlichen »Spiritualität« des Kosmos gesehen wird. Eine »bewußte« Atmung bringt den Menschen nach dieser Auffassung in Harmonie mit dem »Atem« des Kosmos und damit in Harmonie mit der göttlichen »Energie«.[54]

3.5. Feminismus im Wassermannzeitalter

Nach dem harten, »männlichen« Fischezeitalter bricht nun, nach Ansicht der NEW AGE-Vordenker, das sanfte, »weibliche« Wassermannzeitalter an. Von nun an soll das weibliche, ausgleichende und sanfte Prinzip regieren und die Zukunft der Menschheit sichern.

Zwischen Ökologie und Feminismus des Wassermannzeitalters bestehen nach Ansicht einiger Autoren enge innere Beziehungen. Dazu schreibt Fritjof Capra:

> »Der spirituelle Gehalt der ökologischen Weltanschauung findet seinen idealen Ausdruck in der von der Frauenbewegung befürworteten feministischen Spiritualität – was angesichts der naturgegebenen Verwandtschaft zwischen Feminismus und Ökologie, die in der uralten Gleichsetzung von Frau und Natur wurzelt, zu erwarten ist. Die feministische Spiritualität beruht auf dem Bewußtsein des Einsseins aller lebenden Formen und ihres zyklischen Rhythmus von Geburt und Tod, woraus sich ein Verhalten gegenüber dem Leben ergibt, das zutiefst ökologisch ist. Wie zahlreiche feministische Autoren in jüngster Zeit hervorgehoben haben, scheint das Vorstellungsbild einer weiblichen Gottheit diese Art von Spiritualität mehr zu verkörpern als das eines männlichen Gottes. Tatsächlich ging die Verehrung weiblicher Gottheiten in vielen Kulturen, unsere eigene Kultur einbezogen, der von männlichen Göttern voraus.«[55]

Laut Capra nimmt die Frauenbewegung in der Verbreitung des NEW AGE-Gedankens eine Schlüsselrolle ein. Im Vorwort zu dem Buch »Die sanfte Verschwörung« von Marylin Ferguson schreibt er:

> »Da der Feminismus in unserer kulturellen Transformation eine Hauptkraft darstellt, ist es wahrscheinlich, daß die Frauenbewegung in der Verschmelzung der unterschiedlichen gesellschaftlichen Bewegungen eine Schlüsselrolle spielen wird. Tatsächlich

spielen Frauen oft die Hauptrolle beim Aufbau von Netzwerken und Schmieden von neuen Vereinigungen.«[56]

Der überall in den westlichen Ländern der Erde erstarkende Feminismus wird, so Capra, »einen tiefen Einfluß nicht nur auf Religion und Philosophie, sondern auch auf unser gesellschaftliches und politisches Leben ausüben. [...] So wird die feministische Bewegung sich auch künftig als eine der stärksten kulturellen Bewegungen unserer Zeit behaupten.«[57]

Radikale Vordenkerinnen der Frauenbewegung des NEW AGE fordern einen Ersatz der christlichen Religion durch den Mythos von Gaia, der »Mutter Erde«. Umdeutungen des christlichen Glaubens in bezug auf das Geschlecht Gottes werden als nicht ausreichend abgelehnt. Die Rolle der Frau in der Gesellschaft des NEW AGE ist eng verknüpft mit dem »spirituellen« Naturverständnis des »Neuen Paradigmas«. Dazu schreibt C. Spretnak, eine Vertreterin des NEW AGE:

> »Was könnte der Beitrag der Religion sein zur Beseitigung des kulturell bedingten Vorurteils, die Frauen seien das andere, die Männer gottähnlich und damit höherstehend? [...]
> Wir kennen die Antworten, und sie werden schon ausprobiert: Frauen müssen gleichberechtigt an Ritualen beteiligt sein (als Pfarrerinnen, Rabbis und Priesterinnen); die Sprache der Predigten und Übersetzungen muß die Frauen miteinschließen; und die Gottheit muß sowohl weiblich als auch männlich verstanden werden.
> Diese Lösungen sind nicht neu, und sie sind auch nicht effektiv, weil viele Menschen weder das Bedürfnis danach noch die Mittel dafür ernst nehmen. Statt dessen stehen sie diesen Bemühungen widerstrebend gegenüber und finden die Vorstellung eines weiblichen Gottes albern und peinlich.
> Sich zu zwingen, hin und wieder ›Gott, die Mutter‹ zu sagen, ist sinnlos, wenn sich die Menschen dabei einen Jahwe in Röcken vorstellen. Zuerst müssen wir begreifen, wer SIE ist: SIE ist nicht im Himmel; SIE ist die Erde. Hier ist IHRE Manifestation in der ältesten Schöpfungsgeschichte der westlichen Kultur: der Mythos von Gaia.«[58]

Durch die gesellschaftliche »Transformation« soll nun überall, in allen Sparten des Lebens, das »sanfte, weibliche Prinzip« etabliert werden.

In diesem Zusammenhang soll darauf hingewiesen werden, daß das

Schlagwort von den »sanften« Technologien auf das mit dem Wasser-mannzeitalter beginnende weibliche, sanfte Prinzip anspielt.

Das Prinzip der »sanften« Weiblichkeit wird auch auf die unbelebte Natur ausgedehnt: Selbst die Erde wird mit weiblichen Namen – »Mutter Erde« und »Gaia« (als weibliche Gottheit) – benannt und damit bewußt an mystisch-animistische Vorstellungen alter Kulturen angeknüpft.

Daneben gibt es Tendenzen, die heidnisch-mystische Vorstellungen vom androgynen Menschen im NEW AGE-Gedankengut wiederbeleben wollen. Der androgyne, männlich-weibliche Mensch symbolisiert auf eine radikale Weise das Streben nach »Ganzheit« und »Synthese« sowie die Verbindung mit dem Kosmos.[59]

So findet das Konzept von der Androgynität bereits Eingang in die vom NEW AGE-Gedanken geprägte »Dynamische Psychiatrie«, die auch in Deutschland immer mehr Einfluß gewinnt.[60]

An dieser Stelle sei noch kurz erwähnt, daß im Zuge der Relativierung der Geschlechter, auf dem Wege zum androgynen, geschlechtslosen Wesen, auch abweichende sexuelle Orientierungen wie etwa männliche und weibliche Homosexualität und andere sexuelle Praktiken ihren Platz im Gedankengut dieser Autoren finden.[61]

4. Die Transformation

Wie schon ausführlich dargestellt, soll der Übergang zum NEW AGE, zum Neuen Paradigma, durch eine Umwandlung des persönlichen Bewußtseins erfolgen. Marylin Ferguson nennt diese Bewußtseinswandlung »Transformation«. Nach dem Willen der Vordenker gibt es dabei zwei Ebenen der Transformation: die persönliche und die gesellschaftliche. Die persönliche hat der gesellschaftlichen Transformation dabei immer vorauszugehen. Der nun folgende Abschnitt beschäftigt sich mit der Frage, wie die Transformation erreicht werden kann.

Die persönliche Transformation läuft nach Marylin Ferguson folgendermaßen ab:

Einstieg

»Die erste Stufe der Transformation ist einleitend, sie findet beinahe zufällig statt; ein Einstieg. In den meisten Fällen kann der Einstieg als solcher rückblickend identifiziert werden. Er kann durch alles ausgelöst werden, was unser altes Weltverständnis, die alten Prioritäten aufrüttelt. Gelegentlich handelt es sich dabei um eine aus Langeweile, Neugier oder Verzweiflung vorgenommene ›Ersatz‹-Investition – ein Zehn-Dollar-Buch, ein Hundert-Dollar-Mantra, ein Volkshochschulkurs. Für die meisten ist dieses auslösende Moment eine spontane, mystische oder psychische Erfahrung gewesen, die sich genauso schwierig erklären wie vereinen läßt. Oder es stellt sich als intensive, alternative Wirklichkeit dar, die durch eine psychedelische Droge ausgelöst worden ist.«[1]

Erforschung

»Für jene, die weitergehen, heißt die zweite Stufe Erforschung – das Ja nach dem endgültigen Nein. Nachdem der einzelne spürt, daß es etwas Wertvolles zu finden gilt, beginnt er mit Vorsicht oder Enthusiasmus danach zu suchen.
Der erste ernsthafte Schritt – und mag er noch so klein sein – ist stärkend und bedeutsam. [...] Möglicherweise versucht man eine besonders lohnende Erfahrung zu wiederholen. In dieser Phase erproben wir diese und jene Techniken und Lehrer – man vergleicht wie beim Einkaufen. Im Zeitalter der Überschallflüge und Satelliten-Verbindungen neigen wir dazu, sofortige Befriedigung,

Rückkopplung und Ergebnisse zu erwarten. Der Transformationsprozeß mag untergründig wie eine heiße Springquelle kochen – wir können ihn jedoch nicht wahrnehmen und warten geduldig auf sein Zutagetreten.«[1]

Integration

»Auf der dritten Stufe, jener der Integration, leben wir mitten in dem Geheimnis. Obwohl es bevorzugte Lehrer oder Methoden geben mag, vertraut der Mensch einem inneren »Guru«. [...] Während dieser Zeit handelt man auf eine neue Art und Weise, man denkt mehr darüber nach als während dem geschäftigen Suchen im Zustand der Erforschung. Genauso, wie einem Paradigmenwechsel in der Wissenschaft eine Säuberungsaktion, ein Zusammenfassen folgt, das die losen Enden in einen neuen Rahmen bringt, verspüren jene, die sich in dem Prozeß persönlicher Transformation befinden, die intellektuelle (links-hemisphärische) Notwendigkeit nach Wissen. Die Intuition ist über das reine Verständnis hinausgewachsen. Der einzelne experimentiert, läutert sich, prüft Ideen, verwirft dieselben, schärft seine Sichtweise und dehnt seine Bewußtheit aus.«[1]

Verschwörung

»Auf der vierten Stufe, jener der Verschwörung, entdeckt er nun andere Quellen der Kraft und verschiedene Möglichkeiten, dieselben zur Erfüllung und im Dienst der Mitmenschen anzuwenden. Das Neue Paradigma übt nicht nur auf sein eigenes Leben eine Wirkung aus – es scheint auch bei anderen Menschen seine Wirkung zu zeigen. *Wenn das individuelle Bewußtsein heilen und transformieren kann, warum sollte es dann nicht möglich sein, daß sich das Bewußtsein vieler Menschen verbindet, um die Gesellschaft zu heilen und zu transformieren?* [...] Es handelt sich hier um eine Verschwörung, die dazu bestimmt ist, eine Transformation zu ermöglichen – nicht um letztere jenen aufzudrängen, die dafür weder reif noch daran interessiert sind; die Transformation sollte jenen ermöglicht werden, die nach ihr dürsten.«[1]

4.1. Psychotechniken

Für die Transformation haben sich, so Marylin Ferguson, verschiedene Techniken und Übungen bewährt. Diese Techniken zielen auf eine Beeinflussung des Bewußtseins, mit dem Ziel einer Bewußtseinsveränderung bei der Person, die sie anwendet. Welche Psychotechniken sind zur Bewußtseinsveränderung nach Ansicht der NEW AGE-Autoren geeignet? (Es wird hier nur eine Auswahl der von Marylin Ferguson angegebenen Psychotechniken abgedruckt.)

1. Ausschaltung oder Überbeanspruchung der Sinne, da heftig wechselnde äußerliche Einflüsse einen Umschwung des Bewußtseins verursachen.
2. Autogenes Training und Selbst-Suggestion mit dem Ziel, daß sich der Körper entspannt, »selbst atmet«.
3. Hypnose und Selbsthypnose.
4. Meditationsformen jeglicher Art: Zen, Tibetanischer Buddhismus, transzendentale, christliche, kabbalistische Meditation, Yoga. Auch Psychosynthesis (ein System, das Bildersprache und einen meditativen Zustand verbindet).
5. Körperliche Disziplinen und Therapien: Hatha Yoga, Aikido, Karate, Jogging usw.

Wichtige Voraussetzung zur Transformation ist der persönliche Entschluß, sich der Transformation hinzugeben und spirituelle Erfahrungen zu machen. So kann man auch verstehen, warum Jogging – eine doch wohl eher »unverdächtige« Sportart – als Einstieg zur Transformation benutzt werden kann.

Psychedelika als Einstiegsdroge

Daneben wird zum Einstieg in die erste Stufe der Transformation ganz besonders auf die Nützlichkeit der Anwendung von Drogen verwiesen. Nahezu alle Autoren des NEW AGE sehen in psychedelischen Drogen – wie etwa dem LSD – geeignete Instrumente zur Bewußtseinserweiterung. Marylin Ferguson schreibt dazu:

> »Die historische Bedeutung der Psychedelika als Einstiegsmittel, wodurch die Menschen zu anderen transformativen Technologien gelangten, kann nicht hoch genug eingeschätzt werden. [...] Die durch Psychedelika ausgelöste Veränderung in der Chemie des Gehirns führt zu einer Metamorphose der vertrauten Welt. [...] Im Unterschied zu den Traumvorgängen ist die psychedelische Bewußtheit nicht verschwommen, sondern oftmals intensiver als das normale Wach-Bewußtsein.«[2]

Bei der Empfehlung, Drogen als Einstiegsmittel in die Transformation zu benutzen, beziehen sich die NEW AGE-Vordenker auf die Drogenexperimente, die in einer in den letzten Jahren stark angewachsenen Drogenliteratur einem breiten Publikum dargestellt werden.

Besondere Beachtung finden dabei die Drogenexperimente von Aldous Huxley, der damit posthum auch auf diesem Gebiet zu Berühmtheit gelangt. In seinem letzten Roman »Eiland«, der 1962 – ein Jahr vor seinem Tode – erschien, beschreibt er eine Gesellschaft, in der aus Pilzen hergestellte »Moshka-Medizin« bei der Einführung in höhere Erkenntnis (Initiation, s. 5.2.) allen jungen Menschen die Augen für spirituelle Weisheiten öffnet. »Moshka« ist dabei, so Huxley, das Sanskritwort für »Befreiung« ...

4.2. Netzwerke

Wer die persönliche Transformation erreicht hat, wird nun versuchen, in der Gesellschaft durch »Mission« eine Transformation zu bewirken. Dazu bilden »Verschwörer im Zeichen des Wassermannes« sogenannte »Netzwerke«, die auf unterschiedlichste Art und Weise die Transformation weitertragen sollen. Diese Netzwerke sind dezentral angelegt und nicht hierarchisch organisiert, d. h. Entscheidungen werden von allen Mitgliedern des jeweiligen Netzwerkes gemeinsam getroffen.

Marylin Ferguson schreibt dazu:

> »Während die meisten unserer Institutionen nur noch auf wackligen Beinen stehen, ist eine dem 20. Jahrhundert angepaßte Version des Stammes oder der Sippe der Frühzeit aufgetaucht: das Netzwerk, ein Werkzeug für den nächsten Schritt der menschlichen Entwicklung. Verstärkt durch die elektronischen Kommunikationsmittel, befreit von den alten Beschränkungen von Familie und Kultur, stellt das Netzwerk das Gegenmittel für die Entfremdung dar. Es entwickelt genug Kraft, um die Gesellschaft zu erneuern. Es bietet dem einzelnen emotionelle, intellektuelle, spirituelle und wirtschaftliche Unterstützung. Es ist ein unsichtbares Heim, ein mächtiges Mittel, um den Kurs der Institutionen, besonders der Regierung, zu ändern. [...]
> Das Netzwerk bildet die Matrix für die Erforschung der eigenen Person und das Handeln der Gruppe, für die Unabhängigkeit und die Beziehung zu anderen. *Paradoxerweise gründet sich das Netzwerk einerseits auf enge persönliche Beziehungen, besitzt andererseits aber auch die Tendenz zur Expansion.* [...]
> Der Vergleich eines Netzwerkes mit dem menschlichen Nervensystem bedeutet mehr als bloß eine nützliche Metapher. Das Gehirn

und ein Netzwerk arbeiten tatsächlich ähnlich. [...]Das Gehirn ist *vollkommen wach*. Genauso ist auch ein Netzwerk eine wache und aufgeschlossene Form der gesellschaftlichen Organisation. Informationen werden nicht-linear, gleichzeitig und sinnvoll vermittelt. [...]

Was wollen die Netzwerke? Natürlich die verschiedensten Dinge. [...] Aber die wichtigste Absicht ist die Neuverteilung der Macht.

Die Umweltschutzgruppen wollen beispielsweise, daß die Menschheit sanft mit der Erde umgeht, nicht als Ausbeuter oder Beherrscher, sondern als Verwalter der Natur. Die Netzwerke, die spirituell oder psychologisch orientiert sind, suchen die Macht, die aus der inneren Integration entsteht; sie fordern, daß man wieder auf die zum Schweigen gebrachten Teile des Selbst hört. Andere Gruppen leiten durch Boykotte, Tauschhandel, Großeinkauf und Geschäftspraktiken die ökonomische Macht in andere Kanäle. [...]

Die Macht geht von den sterbenden Hierarchien in die Hände der lebendigen Netzwerke über.«[3]

NEW AGE-Netzwerke und -Institutionen

In den letzten Jahren haben sich, weitgehend unbemerkt von der Öffentlichkeit, in den Ländern der westlichen Welt eine Vielzahl von typischen NEW AGE-Institutionen etabliert. Die meisten dieser Institutionen sind in der Art des Netzwerkes miteinander verbunden und arbeiten gemeinsam für die weltweite gesellschaftliche Transformation.

Zentren des NEW AGE-Bewußtseins und der NEW AGE-Institutionen sind neben den USA – dort vor allem Kalifornien – die Schweiz und die Bundesrepublik sowie Indien.

Eines der ältesten NEW AGE-Projekte ist die Findhorn Foundation, die im Norden Schottlands eine Lebensgemeinschaft auf der Grundlage des NEW AGE-Bewußtseins aufgebaut hat und auf die anderen NEW AGE-»Gemeinden« in Europa einen starken Einfluß ausübte und noch ausübt. Dort finden regelmäßige Seminare und Schulungen für Interessierte statt. Viele Personen, die in Findhorn arbeiteten und lebten, gründen nach ihrer Rückkehr in ihr Heimatland wiederum weltweit neue Netzwerke.

Aber auch in der Bundesrepublik ist das NEW AGE-Bewußtsein weiter verbreitet, als man auf den ersten Blick ahnt: In nahezu allen größeren Städten entstehen zur Zeit NEW AGE-Initiativen, die im Rahmen von Kursen und Veranstaltungen zur »ganzheitlichen« Gesundheit und zu anderen Themen das NEW AGE-Bewußtsein weiterverbreiten wollen.

In allen Buchhandlungen ist ein Kalender mit dem Namen »Netzwerk 1986« (SPHINX-Verlag, Basel) zu erhalten, der über die NEW AGE-Aktivitäten verschiedener Gruppen in den einzelnen Städten Aufschluß gibt. Daneben existiert eine Fülle von NEW AGE-Literatur zu einer Vielzahl von Themen.

Auch auf wirtschaftlichem Gebiet hat der NEW AGE-Gedanke bereits Konsequenzen gezeigt: So ist etwa die 1985 in Berlin gegründete »Haftungsassoziation-Bürgerschaftsbank« eine Bank, die die wirtschaftlichen Konsequenzen aus diesem Gedankengut in die Praxis umsetzt. Andere Unternehmen nach dem NEW AGE-Konzept sind zur Zeit im Entstehen begriffen. Mittlerweile werden sogar Seminare für Manager angeboten, in denen sie die Führungs- und Handlungskonzepte des NEW AGE in die wirtschaftliche Praxis umzusetzen lernen.

Supranationale NEW AGE-Netzwerke

Daneben gibt es auf internationaler Ebene bereits seit geraumer Zeit einige bedeutende Institutionen, die untereinander in Netzwerken organisiert sind und Verbindungen zur einflußreichen UNO und ihren Unterorganisationen haben. Gerade diese Organisationen haben einen enormen Einfluß auf Politik, Wissenschaft und Erziehung in der ganzen Welt. In diesen Institutionen und Organisationen denkt man bereits ganz konkret über eine globale Transformation nach. Es ist zu erwarten, daß von diesen supranationalen Organisationen in Zukunft der Hauptimpuls für die weltweite Bewußtseinsänderung ausgehen wird.[4]

Neben den genannten Organisationen, die die globale Transformation auf der Basis des NEW AGE-Systembildes zu verwirklichen suchen – im Bewußtsein der vielfältigen und komplexen Abhängigkeiten der Staaten der Erde voneinander und von den natürlichen Gegebenheiten –, existieren noch eine Reihe von international tätigen Organisationen, die die globale Transformation im Sinne der esoterischen NEW AGE-Spiritualität betreiben und konkret vorbereiten.

Die Aktivitäten dieser Institutionen basieren zum großen Teil auf den Schriften von H. P. Blavatsky (1831–1891), Begründerin der »Theosophischen Gesellschaft«, sowie von Alice Bailey (1880–1949). Weiterhin haben die Werke von H. G. Wells (1866–1946) sowie von D. Spangler (1945–) recht große Bedeutung im Rahmen der Arbeit dieser Institutionen.[5]

Die amerikanische Autorin C. Cumbey, die ein Buch über die NEW

AGE-Bewegung verfaßt hat, nennt folgende wichtige international arbeitende Einrichtungen:

LUCIS-TRUST (vormals LUZIFER-TRUST), das als das »Gehirn« der NEW AGE-Institutionen angesehen wird und einen immensen Einfluß auf die NEW AGE-Bewegung ausübt. Außerdem nennt sie die NEUE GRUPPE DER WELTENDIENER sowie einige andere Organisationen.[6]

In Europa wird das NEW AGE-Gedankengut unter anderen von der TEILHARD FOUNDATION und dem INSTITUTE FOR PLANETARY SYNTHESIS verbreitet.[7]

Es sei nochmals erwähnt, daß alle diese Einrichtungen in der Art von Netzwerken miteinander in Verbindung stehen und ihre weltweiten Aktivitäten koordinieren.

Es ist erstaunlich, daß die gegenwärtige starke Verbreitung des NEW AGE-Bewußtseins zwar unter den Augen der Öffentlichkeit stattfindet, aber von ihr weitestgehend unbemerkt bleibt. Hier zeigt sich bereits jetzt die Wirksamkeit der Strategie der »Transformation« in Form einer »sanften Verschwörung«.

4.3. Das globale Gehirn

Wie schon eingangs erwähnt, spielen moderne Kommunikationstechniken für die Ausbreitung der Transformation *die* entscheidende Rolle. Aus diesem Grunde setzen die NEW AGE-Vordenker auf die moderne Kommunikationstechnik und betrachten die mächtigen Medien als Instrumente eines sich zur Zeit entwickelnden »globalen Gehirns«. So wie das menschliche Gehirn sich der miteinander vernetzten Nervenzellen zur Schaffung des Bewußtseins bedient, so wird sich, nach dieser Ansicht, die Menschheit der Kommunikationsmittel bedienen, um ein globales Menschheitsbewußtsein zu schaffen.

Zur Verbreitung der Transformation mittels moderner Kommunikationstechniken schreibt Marylin Ferguson:

> »So wie sich Transformation auf einer erweiterten Bewußtheit und einer Verbundenheit im individuellen Gehirn aufbaut, so ist unsere gesellschaftliche Vorstellungskraft auf mühsame und verfeinerte Weise durch ein aus elektronischem Erfassen bestehendes Netzwerk belebt worden. Unsere Bewußtheit nimmt an höchst dramatischen Ereignissen teil. An Friedensschlüssen, Skandalen, Kriegen, Tumulten, Unfällen, an Leid und Komik.

Und ebenso wie die moderne Physik und die östlichen Philosophien den Westen mit einer integrierten Weltsicht bekannt machen, verbindet unser medienhaft fließendes Nervensystem unser gesellschaftliches Gehirn.«[8]

Ein anderer NEW AGE-Autor, Peter Russell, vergleicht in seinem Buch »Die erwachende Erde« das entstehende »globale Gehirn« mit dem menschlichen Hirn und seiner Entwicklung:

>»Das Gehirn des menschlichen Embryos durchläuft zwei Haupt-Entwicklungsphasen. Die erste ist eine massive Populationsexplosion der embryonalen Nervenzellen; sie setzt acht Wochen nach der Konzeption ein. Während dieser Phase nimmt die Zahl der Zellen täglich um viele Millionen zu. Nach fünf Wochen verlangsamt sich der Prozeß jedoch, und zwar fast so abrupt, wie er begonnen hat. Die erste Periode der Hirnentwicklung – die Proliferation von Zellen – ist damit abgeschlossen.
>Nun setzt die zweite Phase ein: Milliarden isolierter Nervenzellen beginnen, sich zu vernetzen, teils mit ihrer unmittelbaren Nachbarschaft, teils aber auch – mittels ausgestreckter Fasern – mit Zellen auf der anderen Hirnseite. Zur Zeit der Geburt kann eine typische Nervenzelle mit mehreren tausend anderen Zellen in direkter Kommunikation stehen; manche Zellen bringen es sogar auf eine viertel Million solcher Kontakte. [. . .]
>Ähnliche Trends lassen sich in der heutigen menschlichen Gesellschaft beobachten. Wir scheinen uns aus der Periode der massiven ›Zellen‹-Proliferation herauszubewegen und in eine Phase dichteren Verbundenwerdens einzutreten. Mit zunehmender Komplexität der Fähigkeit zu weltweiter Kommunikation ähnelt die menschliche Gesellschaft immer mehr einem planetaren Nervensystem. Das Globalhirn kommt in Gang. [. . .]
>In der Tat werden die Veränderungen, zu denen das führt, so groß sein, daß ihr volles Ausmaß sehr wohl unsere Phantasie übersteigen kann. Wir werden uns nicht mehr als isolierte Einzelwesen sehen, sondern wissen, daß wir Teil eines sich rapid integrierenden weltweiten Netzes sind: die Nervenzellen eines sich aktivierenden Globalhirns.«[9]

4.4. Transformation und Evolution

Nach Ansicht der NEW AGE-Vordenker beruht die gesamte Geschichte des Universums auf dem alles formenden Prinzip der Evolution.

Aus dem Gedankengut dieser Autoren lassen sich verschiedene Ebenen der Evolution ableiten, die jedoch alle auf der gleichen »Systemtheorie der Evolution« (Capra) – der universellen Vernetzung und gemeinsamen Höherentwicklung – basieren und nach dieser Ansicht ein universales Prinzip der Evolution darstellen. Es sind folgende Ebenen:

1. die Evolution der Natur
2. persönliche Evolution (persönliche Transformation)
3. gesellschaftliche Evolution (gesellschaftliche Transformation)
4. kosmische Evolution (Transformation des »bewußten« Kosmos)

Evolution ist demnach der Grund und das Ziel menschlichen und kosmischen Seins. Eine kollektive Transformation der Menschheit steht nach dieser Ansicht im Dienste einer Evolution, die den Menschen und den Kosmos immer mehr vervollkommnet. Es wird die Meinung vertreten, daß gerade die krisenhaften Ereignisse der Gegenwart dazu beitragen könnten, daß ein neuer »Evolutionssprung« stattfindet.

Marylin Ferguson schreibt dazu:

> »Ist es möglich, daß auch wir eine kollektive Notwendigkeit ausdrücken, die sich auf einen evolutionären Sprung vorbereitet? Der Physiker John Platt ist der Ansicht, daß die Menschheit gegenwärtig eine Art evolutionäre Schockfront erfährt und daß sie sich ›sehr schnell zu derlei koordinierten Formen entwickeln könnte, die sie bis dahin nie gekannt hat... Formen, welche die ganze Zeit im biologischen Material vorhanden gewesen sind, genauso, wie der Schmetterling mit Sicherheit der Raupe innewohnt‹.«[10]

Nach Ansicht einiger Autoren des NEW AGE wird die ständige Höherentwicklung nicht nur auf den Planeten Erde und die Menschheit beschränkt sein. Man rechnet vielmehr mit der Herausbildung eines »galaktischen Superorganismus«, der sich seiner selbst »bewußt« ist.[11]

> »Entwickeln sich im Laufe Tausender Jahrmillionen die 1010 Galaxien nicht nur zu galaktischen Superorganismen, sondern fangen sie auch untereinander zu kommunizieren und zu interagieren an, kann die Endstufe der Evolution erreicht werden: der universale Superorganismus. Das wäre die Emergenz einer siebenten Evolutionsebene, einer Ebene, die wir BRAHMAN nennen können – nach dem indischen Wort für die Einheit des Universums in seinen manifesten wie unmanifesten Formen.

Wenn das tatsächlich das Evolutionsziel ist, schließt sich der gesamte Prozeß somit zu einem Kreis: Von einer Einheit reiner Energie ist das Universum über Materie, Leben, Bewußtsein, Gaias und Galaxien zu schließlicher Wiedervereinigung mit dem Brahman evolviert. Von totaler Undifferenziertheit zu totaler Integration. Von Brahman zu Brahman. [...] Und das Endziel der Folge von Universum auf Universum könnte die Erleuchtung des Brahmans sein – der vollkommene Kosmos.«[12]

4.5. NEW AGE-Symbole und -Begriffe

NEW AGE-Erkennungszeichen und -Symbole

Neben der blühenden NEW AGE-Terminologie – von der dem Leser in den dargestellten Zitaten bereits einige Beispiele geboten wurden – hat sich auch ein reicher Schatz an spezifischen NEW AGE-Symbolen entwickelt, die immer mehr in das (Unter-)Bewußtsein der Öffentlichkeit gelangen.

Regenbogen

Das bekannteste NEW AGE-Symbol ist der buntschillernde Regenbogen, der die Brücke des einzelnen Menschen zur Menschheit und zur Integration mit den kosmischen Energien symbolisiert. Manche Autoren sagen einfach, dieser Regenbogen deute die für das NEW AGE zu erwartende Entwicklung des Menschen zum Übermenschen an. Mittlerweile findet man den Regenbogen, bunt oder stilisiert, auf vielen Veröffentlichungen, Postern und sogar auf Gebrauchsgegenständen. In den USA ist die Verbreitung der NEW AGE-Symbole schon wesentlich weiter fortgeschritten als bei uns: Man findet dort bereits Kinderspielzeug mit dem aufgedruckten Regenbogen.

Andere Symbole

Ein weiteres, weit verbreitetes NEW AGE-Symbol ist ein endloses, ineinander verflochtenes Band, das die Vernetzung des Lebens zeigen soll. Es befindet sich sowohl auf dem Titelblatt der NEW AGE-Zeitschrift von Marylin Ferguson, dem »Brain/Mind Bulletin«, als auch auf der ersten deutschen NEW AGE-Zeitung, die den Namen »Die Neue Zeitung« trägt.

NEW AGE-Terminologie

Die Anhänger des NEW AGE benutzen eine Sprache, die voll von Neologismen (Wortneuschöpfungen) und Umdeutungen bekannter Begriffe ist. Auf den unvoreingenommenen Leser, der zum ersten Mal mit der NEW AGE-Literatur in Berührung kommt, üben diese Begriffe einen geradezu faszinierenden Einfluß aus. Man kann den Eindruck gewinnen, daß schon im sprachlichen Bereich des NEW AGE etwas »Neues« auftaucht. Diese NEW AGE-Sprachneuschöpfungen dienen auch als ein diskretes Erkennungszeichen für NEW AGE-Anhänger untereinander.

Die Beachtung der Terminologie des NEW AGE ist sehr hilfreich, wenn es darum geht, im geschriebenen und gesprochenen Wort den Einfluß dieses Gedankengutes herauszuhören, auch wenn sich derjenige, der sich dieser Worte bedient, des geistigen Ursprungs seiner Worte vielleicht gar nicht bewußt ist.

Getreu dem Grundsatz, daß die Ausbreitung des NEW AGE-Gedankengutes im Sinne einer »Verschwörung« verbreitet werden soll (so Marylin Ferguson), wird auch mit diesem Gedankengut die dazugehörige Sprache langsam in unseren Wortschatz integriert. Wenn man die Medien und ihre aktuellen Inhalte aufmerksam beobachtet, so kann man an vielen Stellen und in steigendem Ausmaß das Auftauchen typischer NEW AGE-Begriffe erkennen. Es handelt sich dabei um folgende, besonders typische Begriffe, die meist aus dem Bereich des *wissenschaftlichen Ansatzes des NEW AGE* (Systemschau) entnommen sind (s. 2.1.):

- Transformation, globale Transformation
- »denke global, handle lokal«
- Bewußtsein, Bewußtheit, Bewußtseinsveränderung
- globales Dorf
- Netzwerk
- vernetztes System, dezentrale Strukturen
- Denken in Sinnzusammenhängen, intuitives Denken
- Neues Paradigma, Altes Paradigma
- Weltenbürger
- transpersonal, transpersonale Psychologie
- Psychosynthese
- globale Bedrohung, globale Herausforderung
- globales Gehirn
- Raumschiff Erde, Gaia
- Transzendenz, transzendent
- Mystik, mystisch
- Hologramm, Holografie, holistisch
- ganzheitlich, »ganzheitliche Medizin«
- Wassermannzeitalter
- sanft, sanfte Technologie
- androgyn

Dies ist nur ein kleiner Ausschnitt aus dem Wortschatz der NEW AGE-Autoren, der keinen Anspruch auf Vollständigkeit erhebt. Der NEW AGE-»Neusprech« befindet sich ja auch noch in stürmischer Entwicklung.

Neben den allgemeinen NEW AGE-Begriffen findet man aber auch noch viele Begriffe *religiös-esoterischen* Inhaltes in diesem Wortschatz. Genauso wie das NEW AGE im Rahmen seiner »Spiritualität« Aspekte aus verschiedenen Religionssystemen miteinander vereinigt, so benutzen die NEW AGE-Anhänger auch die Begriffe und Inhalte dieser Religionen und Kulte esoterisch-okkulter Gruppen.

Besondere Bedeutung für die esoterische Seite des NEW AGE haben die Schriften der Okkultistin Alice Bailey. Folgende Begriffe religiös-esoterischen Inhaltes – auf deren Definition hier bewußt verzichtet wird – tauchen dort, aber auch zunehmend im allgemeinen NEW AGE-Schrifttum, besonders häufig auf:

Geistige Zentren:

- Shamballa, Shangri-La
- die »geistige Hierarchie«

Gottheiten:

- Lord Maitrea, Krishna, Buddha, Boddisattva, Imam Mahdi
- Luzifer, Ahriman, Christus, Jesus, Avatar der Synthese
- »Hierarchien der Meister«, die »weiße Loge«
- »Kräfte des Lichts und der Geist des Friedens«
- Sonnenengel

Vermittler des esoterischen NEW AGE-Bewußtseins:

- die »neue Gruppe der Weltendiener«
- die »Menschen guten Willens«
- die »Wissenden«

Religiöse Kulte:

- Invokation
- Evokation
- Wesak-Fest
- Vollmondfest, Sonnenwendfest
- Meditationen

Esoterisch-spirituelle Übungen und Therapien der NEW AGE-Medizin:

- Prana-Atemtherapie
- Kundalini Yoga
- Hatha Yoga
- Transzendentale Meditation
- Shiatsu
- Sufi, Sufismus
- Taichi, Chakra
- Taoismus
- Ying – Yang
- Tantra
- Tarot
- Schamanismus

4.6. Synoptische Darstellung der Ursprünge und Auswirkungen des NEW AGE-Gedankengutes

Wissenschaft	**Politik**	**Kunst**	**Religionen**
Neues Bild der Wissenschaft in:	Auswirkungen auf die Politik:	NEW AGE-Malerei	Religionen werden durch NEW AGE-Spiritualität »transformiert«
– Physik	nationale Politik:	NEW AGE-Musik	
– Biologie (Systembiologie)	– Ökologiebewußtsein	– »Obertonsingen«	– NEW AGE-»CHRISTUS« (»Weltenlehrer«)
– Chemie	– Abrüstung	– »psychedelische« Musik	– NEW AGE-»Heilsbotschaft«
– Computerwissenschaft (Systemvernetzung)	– Dezentralisierung der Macht		– esoterisch-okkulte Praktiken
– Medizin (»ganzheitl. Medizin«)	internationale Politik:		– Intoleranz gegenüber Andersdenkenden
	– Ökologiebewußtsein, global		
	– Internationale Vernetzung durch UNO		
	– NEUE WELTORDNUNG		

DAS NEUE NEW AGE-»Bewußtsein«

›NEUES PARADIGMA‹

Wissenschaftlicher Ansatz zum NEW AGE:

– Systembild des Lebens

– Allgemeingültigkeit der Evolution für alle Lebensbereiche

Esoterisch-okkulter Ansatz zum NEW AGE

– Theosophen
– Rosenkreuzer
– östliche Religionen
– Naturreligionen
– **GNOSIS**

– Mythologien
– archaische Kosmogonien

wichtige Autoren:

– A. Bailey
– Blavatsky
– H. G. Wells
– A. Crowley
  u. a.

– östliche u. westliche Mystiker

5. Grundlagen des NEW AGE

Bei der Betrachtung der von den NEW AGE-Autoren vorgestellten Gedanken kommen dem Leser oft spontan einige der vorgebrachten Gedanken irgendwie bekannt und manchmal sogar vertraut vor. Wir wollen also fragen: Wie neu ist das uns mit großem publizistischem Aufwand als eine revolutionäre Neuheit dargebotene Gedankengut wirklich? Gab es nicht schon ähnliche Geistesströmungen in der Geschichte der Menschheit? Der nun folgende Abschnitt geht dieser Frage nach und durchleuchtet die wichtigsten Aspekte des Neuen Paradigmas: die Systemschau des Lebens und den esoterischen Ansatz zum Wassermannzeitalter.

5.1. Die Systemschau des Lebens

Die dem NEW AGE-Gedanken zugrundeliegende Systemschau beruht auf der neuen Denkweise in »vernetzten Systemen«, die eine »ganzheitliche« (»holistische«) Betrachtung der Wirklichkeit zuläßt.

Mit seinem Super-Bestseller »Wendezeit« hat Capra dieses Systembild einer breiten Öffentlichkeit zugänglich gemacht. Darin schildert er die Übereinstimmungen von Mystik und moderner Naturwissenschaft, nach denen eine Wesensverwandtschaft zwischen dem Ich und dem Universum besteht. Damit belebt er eine uralte Tradition des Okkultismus, der ja auf dem Prinzip der Einheit von Geist und Materie – und damit alles Seins – beruht.

Obwohl Capra die angeblich revolutionär neue Natur seiner »Systemschau« immer wieder betont, so greift er doch, ohne es zu erwähnen, ständig altbekannte philosophische Grundfragen auf, die schon viele Denker beschäftigt haben. Um nur zwei zu nennen: das in der Philosophie uralte und grundlegende Leib-Seele-Problem und den Zusammenhang von meditativer Weltschau und rationalem Denken. Weiterhin zeigt er an vielen Stellen seines Buches das Problem des Unterschiedes von bestimmten Lebenserfahrungen und deren wissenschaftlicher Objektivierbarkeit. Capra behandelt diese Themen mit einer gewissen Ignoranz anderen Auffassungen gegenüber, so als hätte sich über die angesprochenen Probleme bisher noch kein Denker den Kopf zerbrochen.

Auch in bezug auf die Erkenntnis, daß ein wissenschaftliches Umdenken den neugewonnenen Erkenntnissen in der Physik und anderen Wissenschaftsdisziplinen zu folgen habe, befinden sich die NEW AGE-Vordenker – vor allem Capra – bereits in »alter« Gesellschaft: Schon die Relativitätstheorie Einsteins und die Quantentheorie Plancks zeigten die Grenzen herkömmlicher kausaler und damit »kartesianischer« Betrachtung der Natur in der Physik auf.[1]

Dessenungeachtet bauen prominente NEW AGE-Vordenker ihre Argumentation noch immer auf der Forderung auf, die Welt müsse nun endlich das »kartesianische« Denken überwinden. Als eine Alternative wird im Gegenzug sofort das NEW AGE-Denken der »Systemschau« angeboten. Damit wird so getan, als hätten die NEW AGE-Vordenker als erste das Problem des »kartesianischen« Weltbildes und die Notwendigkeit zu einem Umdenken erkannt. Damit gehen sie mit beispielloser Lässigkeit über die philosophischen Bemühungen unseres Jahrhunderts und der Zeit davor hinweg.*

Ein zeitgenössischer NEW AGE-Kritiker schreibt dazu:

> »Schon lange vor Capra wurde also festgestellt, daß das Descart-sche ›Paradigma‹ unzureichend ist für die Beschreibung der Wirklichkeit. [...] Bereits mit dem Durchbruch der Computer-Technik in der Mitte des 20. Jahrhunderts war das Descartsche Paradigma in Frage gestellt und gleichzeitig ein neuer Evolutions-sprung eingeleitet.«[2]

So neu, wie es die NEW AGE-Vordenker behaupten, sind also ihre Gedanken nicht. Neu und ungewohnt ist allerdings die pseudowissenschaftliche und für das Publikum sehr beeindruckende Begründung von Mystik und Okkultismus und die daraus folgende Hinführung zu einer synthetischen Pseudoreligion. Aus diesem Grunde haben diese Vorstellungen bereits eine erstaunliche Ausbreitung und Akzeptanz erfahren. Sie sind innerhalb von Monaten und Jahren populärer geworden als die entsprechenden Gedanken der Philosophen, die seit Beginn des 20. Jahrhunderts bekannt und veröffentlicht waren.

Doch warum breitet sich dieses Denken so rasant aus? Vielleicht liegt die Antwort darin, daß die Zeit für diese Gedanken einfach reif war, daß weite Bevölkerungskreise mit Hilfe der Medien bereits für derartige Fragestellungen sensibilisiert waren. Auch politische und wirtschaftliche

---

* Diese Themen wurden schon von vielen Denkern bearbeitet. Als einige wenige Beispiele seien hier genannt: *Husserl* mit seiner Intentionalitätsanalyse, *Kant* mit seiner Transzendentalphilosophie, *Reininger* mit seinem Transzendentalen Idealismus.

Probleme sowie die zunehmende Orientierungslosigkeit der Menschen können zur Hinwendung zu diesen verheißungsvollen Anschauungen beitragen.

Ganz sicher übt der »integrierte« Ansatz des NEW AGE, der ein Weltbild aus »einem Guß« zu bieten vermag, eine sehr große Anziehungskraft auf die Menschen aus. Vorbei sind die Zeiten, wo Wissenschaft und Glauben Gegensätze waren. Im Gegenteil: In den Augen der NEW AGE-Vordenker kann die wissenschaftliche Erkenntnis als ein geeignetes Instrument zum Verständnis der Einheit und Wesensverwandtschaft von Geist und Materie, und damit auch mystisch-spiritueller Phänomene, werden.

Hier klingt ein Gedanke an, der geradewegs zu einer modernen Belebung gnostischer Vorstellungen führt: Die innere Einheit und spirituelle Verbundenheit alles Seins bildet bei den NEW AGE-Vordenkern und bei den antiken Gnostikern ein Faktum von zentraler Bedeutung. Dieser Aspekt verdient es, vertieft zu werden.

5.2. Der neubelebte Gnostizismus

Die im »Neuen Paradigma« erkennbaren Strömungen und Inhalte erinnern stark an die Gedanken einer sehr alten Geistesströmung. Dabei handelt es sich um die sogenannte Gnosis. Die aus verschiedenen Quellen entstandene Gnosis vereinte mehrere religiöse Traditionen und griechisches Denken zu einer kraftvollen Mysterienreligion, bei der das Suchen des Menschen zu höherer »Erkenntnis« und damit zum Heil führt. Das Aufkommen der Gnosis ist nicht sicher festzulegen. Sicher ist, daß schon zur Zeit der Entstehung des Neuen Testaments starke gnostische Strömungen und Sekten verschiedener Prägung existierten.

Der neuzeitliche Gnostizismus (d. h. auf die Gnosis zurückgehendes Denken) versucht vor allem, das Göttliche, Absolute durch eine höhere, esoterische Art der Erkenntnis zu erfahren. Dabei werden insbesondere die inneren, spirituellen Verbindungen des Kosmos mit der eigenen Person betont und die Existenz von höheren »Lichtwesen« u. ä. gelehrt. Manche gnostizistischen Elemente finden sich u. a. auch im Gedankengut der Anthroposophie. Ein bekannter Religionswissenschaftler schreibt zum Wesen der Gnosis:

> »Gnosis ist Erkenntnis des Übersinnlichen, das in und hinter der durch die Sinne des Körpers wahrnehmbaren Welt ›in ewigem Geheimnis unsichtbar sichtbar‹ als treibende Kraft alles Geschehens angenommen wird. [...]

Das gnostische Denken [wurzelt] in dem Erlebnis eines unmittelbaren Zusammenklangs des eigenen Ichs mit der Welt [und besteht] in der Überzeugung von der bis ins einzelnste gehenden Wesensgleichheit des menschlichen und des kosmischen Organismus.«[3]

Wenn man das NEW AGE-Gedankengut auf gnostizistische Kennzeichen untersucht, so wird man sehr schnell fündig. Man muß sogar sagen, daß der moderne Gnostizismus gerade dort zu einer wahren Renaissance findet. Wie weit dabei die Übernahme gnostischer Vorstellungen und Denkschemata geht, soll ein kurzer Vergleich einiger Teilaspekte des Gedankengutes der Gnosis mit den Vorstellungen des NEW AGE zeigen.

Initiation

So findet etwa die gnostische Vorstellung der persönlichen Initiation (bestimmter Brauch zur Aufnahme eines Neulings in einen Geheimbund oder eine gnostische Sekte) eine Nachahmung, die sich – wenn auch nicht immer explizit – in den Schriften der NEW AGE-Vordenker überdeutlich wiederfindet.

Besonders anschaulich wird dieser Mechanismus des Einstiegs in ein Mysterium (Initiation) bei der Schilderung der vier Stufen der »Transformation« durch M. Ferguson (s. o. 4.). Der Ablauf der Transformation spiegelt dabei einen Ritus zur Einweihung in die Geheimnisse des Neuen Paradigmas wieder, wie er auch bei esoterischen und okkulten Gruppen und Logen gefunden wird. Danach bringt jede Stufe der Transformation eine erweiterte Erkenntnis und mehr Macht für denjenigen mit sich, der sich diesem Ritus unterwirft und dadurch in den Kreis der »Eingeweihten« aufgenommen wird. Sind dann endlich alle Stufen der Transformation erklommen, so hat sich – so Originalton Marylin Ferguson – das Individuum »erlöst«, es ist der neuen Sicht teilhaftig geworden und nimmt nun Teil an der »Verschwörung«

Dies wird all jenen ermöglicht, die »nach der Transformation dürsten«.[4] Solche Aussagen von NEW AGE-Vordenkern lassen es nicht übertrieben erscheinen, wenn man die NEW AGE-Jünger, die der Erleuchtung teilhaftig geworden sind, als die modernen »Illuminaten« bezeichnet, die sich als die Avantgarde der NEW-AGEr und Katalysatoren der Transformation betrachten.

Was bei Marylin Ferguson noch recht diskret »Transformation« genannt wird, beschreiben andere NEW AGE-Autoren schlicht und einfach mit dem allbekannten Begriff »Initiation«. Ein von den NEW-AGE-Insidern hochgeschätzter Autor sagt sogar eine »luziferische Initiation« voraus, die die Menschheit mit Hilfe des NEW AGE-Gedankengutes erfahren müsse.

Synkretismus

Auch der umfassende Synkretismus – der Versuch, verschiedenartige Religionssysteme zu einem neuen System zu vereinigen – stellte ursprünglich ein Hauptanliegen der Gnosis dar. Der schon oben zitierte Religionswissenschaftler Leisegang beschreibt dies folgendermaßen:

> »Die gnostischen Systeme, die wir kennen, atmen nicht den Geist einer bestimmten orientalischen Religion, sie enthalten vielmehr jüdische, christliche, persische, babylonische, ägyptische und griechische Elemente in verschiedener Stärke und Zahl nebeneinander, so daß sie gleichsam ein Mosaik darstellen, das aus unzähligen kleinen Steinen verschiedenster Art und Herkunft zusammengesetzt ist.«[5]

Auch das NEW AGE praktiziert den gnostischen Synkretismus. So werden etwa folgende, ihrem Wesen und Ursprung nach völlig unterschiedliche spirituelle Übungen zum Einstieg in die Transformation empfohlen: Meditationsformen jeglicher Art und aus beliebigen religiösen Systemen, Zen, Buddhismus, Yoga und auch christliche Meditation usw.[6]

Zu dieser zwanglosen Synthese der Religionen und Weltanschauungen paßt es dann auch nur zu gut, wenn die Lehre von der allein-seligmachenden Transformation mit einer geradezu atemberaubenden Kombination unterschiedlicher Anschauungen verbreitet wird.[7]

Bei der Vielzahl von zusammengewürfelten Anschauungen wundert es denn auch nicht, wenn M. Ferguson das Streben nach der Transformation in einen direkten geistig-spirituellen Zusammenhang mit den Heilslehren von »Gnostikern, Alchimisten, Kabbalisten und Geheimgesellschaften« stellt.[8] Denn auch diese Geheimbünde praktizierten und praktizieren einen ausgeprägten Synkretismus und Okkultismus.

Eines wird dem Leser der NEW AGE-Literatur bei der Auseinandersetzung mit diesem Thema wohl überdeutlich: In den Augen der NEW AGE-Vordenker ist es eigentlich völlig gleichgültig, mit welchen Mitteln und welchen synkretischen Anschauungen man zur Transformation gelangt: Hauptsache, man gelangt dorthin!

Okkultismus

Auch in der von den New AGE-Vordenkern befürworteten Haltung gegenüber dem Okkultismus und der Astrologie finden sich gnostische Elemente. Zeitschriften des NEW AGE (so etwa die Zeitschrift SPHINX, Basel) bringen regelmäßig und in offenbar steigender Frequenz Artikel über »Zukunftsvoraussage«, »Astrologie«, »Kabalistik« und verwandte Themen.[9]

Die Betonung der Astrologie und astrologisch geprägter Anschauung im Rahmen des NEW AGE-Okkultismus hat auf die Dauer eine grundlegende, aber von den meisten Personen, die sich dem NEW AGE-Trend anschließen, nicht bemerkte Änderung unseres Weltbildes zur Folge: Es scheint so, als finde mit der Verbreitung des esoterischen NEW AGE-Gedankengutes ein stillschweigender Übergang vom christlichen Zeitverständnis in die astrologische Zeitrechnung des Wassermannzeitalters statt. Dabei vollzieht sich auf breiter Front und nahezu unbemerkt ein bedeutsamer Umschwung zum kosmischen Kreislaufdenken.

Dieser Aspekt verdient es, ein wenig vertieft zu werden. Nach der Geschichtsauffassung des Christentums spielt sich die Weltgeschichte in einer von Gott begrenzten Zeitspanne ab. Am Anfang der Zeit steht Gott, der durch seine Allmacht Zeit und Raum erschuf. Am Ende der Zeit steht wiederum Gott, der durch das Gericht die Weltgeschichte beendet. Am Ende der Weltzeit steht nach christlicher Auffassung die »Endzeit«, in der die apokalyptischen Ereignisse stattfinden. Zeit und Raum und damit menschliche Geschichte sind nach dieser Auffassung also von Gott eingegrenzt und endlich.

Das astrologische Zeitverständnis des NEW AGE ist demgegenüber gewissermaßen zyklisch und ohne definierten Anfang und definiertes Ende. Die Weltgeschichte bewegt sich in dieser Sicht unaufhaltsam und, bildlich gesprochen, spiralförmig aufwärts und weiter: Die Erde durchwandert ohne Ende immer wieder die Sternbilder, eines nach dem anderen. Nach Ansicht der NEW AGE-Vordenker bietet gerade dieses Zeitverständnis mit seiner Unbegrenztheit die Möglichkeit zur permanenten, unendlichen Höherentwicklung – der kosmischen Evolution. Nicht zuletzt in diesem Aspekt zeigt sich, wie wichtig die Annahme einer fortwährenden, umfassenden Evolution für das Gesamtkonzept des NEW AGE ist (s. o. 4.3.).

Weil dieses zyklische Zeitverständnis mit dem Zeitverständnis des Christentums nicht vereinbar ist, können die Vordenker des NEW AGE auch dem Christentum und seiner Endzeitprophetie keinerlei Verständnis abgewinnen, sondern sehen eine solche Zeitauffassung als hinderlich für die Evolution an. Für die Zukunft ist, auch aufgrund dieses prinzipiellen Unterschiedes des Zeitverständnisses, vielmehr eine noch ablehnende Haltung gegenüber dem wahren Christentum zu erwarten.

Wie aber steht es mit dem Verhältnis des NEW AGE zum »allgemeinen« Okkultismus?

Die schon seit einiger Zeit zunehmende Bereitschaft weiter Bevölkerungskreise zur Auseinandersetzung mit übersinnlichen Dingen wird durch die Verbreitung astrologischer und mystischer Inhalte in Literatur und Zeitschriften sowie in den elektronischen Massenmedien geschickt zur Transformation genutzt. Dabei erstreckt sich der Einfluß des Okkultismus nicht nur auf eng begrenzte esoterische Gemeinschaften, sondern er ergreift auch immer mehr die moderne Wissenschaft. Wissenschaft und Mystik sind ja nach Ansicht der NEW AGEr schon heute keine Gegensätze mehr. »Der Okkultismus wird immer wissenschaftlicher, die Physik immer okkulter.«[10]

Wie schon mehrfach erwähnt, knüpft das NEW AGE im Bereich des Okkultismus ganz deutlich an die esoterischen Traditionen bestimmter Vereinigungen an. Zu nennen sind hier die Rosenkreuzer, die Theosophen und die Anthroposophen. In dieser Tatsache und in der Belebung gnostischer Vorstellungen kann man einmal mehr sehen, daß das NEW AGE längst nicht so »neu« ist, wie es gerne dargestellt wird, sondern daß es teilweise nur schon lange bestehende Traditionen mit neuem Elan und publizistischer Wirksamkeit fortführt. Aus diesem Grunde haben Kritiker das NEW AGE bereits als »OLD AGE« bezeichnet.[11]

Allerdings, und das sei hier bereits erwähnt, geht das NEW AGE mit seinen Strategien und Vorstellungen in einigen Punkten auch weit über bekannte religiöse Systeme hinaus. Darauf wird jedoch später noch eingegangen.

Wer ist für die okkult-mystischen Gedanken des NEW AGE besonders empfänglich? Man kann beobachten, daß das wirre Konglomerat gnostischer und okkulter Vorstellungen, gepaart mit utopischen Reformvorstellungen, häufig dazu führt, daß sich die Anhänger des NEW AGE bevorzugt gerade aus der Bevölkerungsgruppe rekrutieren, die schon immer empfänglich für solche Ideen war – der sogenannten »Alternativszene«. So haben mittlerweile nicht mehr marxistische Weltverbesserungsideen die größte Attraktivität in der Alternativszene, sondern die Vorstellungen des NEW AGE.

»Die Alternativbewegung ist sicher heute einer der wichtigsten Träger okkulten und evolutionistischen Gedankengutes im Sinne des NEW AGE. [...] Die Drogen-Explosion der 60er und 70er Jahre, die einer ganzen Generation eine religiöse Erfahrung vermittelte, lieferte Tausenden auch die Einstiegsdroge der Initiation ins Zeitalter des Wassermanns.«[12]

Allerdings wäre es zu stark vereinfacht, wenn man das Phänomen NEW AGE nur auf die oben genannten Kreise begrenzt sähe. Im Gegenteil: Das »Establishment« und die »Alternativszene« liefern sich in Sachen NEW AGE ein bisher nicht für möglich gehaltenes Stelldichein.

Mittlerweile wird das »NEW AGE-Thinking« gezielt auch in den Chefetagen der Industrieunternehmen verbreitet und gelehrt. Immer mehr Entscheidungsträger in Wissenschaft, Politik und Kultur finden Gefallen am »Neuen Paradigma« und seinen erfolgversprechenden Strategien. Inzwischen kann man sogar den Trend beobachten, daß es in diesen Kreisen als äußerst »chic« gilt, sich nicht nur über das Gedankengut von Capra und anderen NEW AGE-Autoren als besonders informiert zu zeigen, sondern darüber hinaus eine vorher nicht bekannte Offenheit für die esoterischen Aspekte dieser Bewegung an den Tag zu legen (s. o. 4.2.). Man hält es nicht für möglich: Sogar Astrologen werden immer mehr in den sonst so nüchternen Entscheidungsprozeß von Wirtschaftsunternehmen einbezogen und nach dem astrologisch günstigen Zeitpunkt für Investitionen u. ä. befragt. Seit einiger Zeit gibt es auch eine »esoterische Börsenberatung«, die auf astrologischer Basis den günstigsten Zeitpunkt für Verkauf und Ankauf von Aktien »errechnet« und »Börsenseminare auf esoterischer Grundlage« anbietet (FAZ vom 17. 2. 1987).

6. NEW AGE und Christentum

Die NEW AGE-Vordenker selbst lassen keinen Zweifel an ihrer negativen Einstellung zum Christentum. Für sie steht das Christentum nämlich in Zusammenhang mit der niedergehenden Fischezeitalter-Kultur und verliert allein schon dadurch an Einfluß und Kompetenz zur Einsetzung ethischer Werte. Im übrigen lassen die Autoren auch kaum eine Gelegenheit aus, darauf hinzuweisen, daß der christliche Glaube für sie, »die der erweiterten Sicht teilhaftig geworden sind«, völlig unakzeptabel ist. Christentum und Christen sind vielmehr in vielen ihrer Aussagen die Zielscheibe ihres Spottes und ihrer nur mühsam verhüllten Verachtung.

Die Botschaft der NEW AGE-Vordenker lautet: Gott ist tot, es lebe der Gott in uns! Das ist, wie es Marylin Ferguson ausdrückte, »die älteste Ketzerei«, das uralte Verlangen des Menschen, selbst Gott zu sein.

Heute ist der Gegner des Christentums wieder eine Neubelebung gnostischer Weltanschauung – das NEW AGE. Dieser Gegner lehnt (wie einst die alte Gnosis) das Christentum zwar in der Substanz völlig ab, ist aber aus taktischen Gründen bereit, bestimmte Ausprägungen und Begriffe des Christentums zu »transformieren« und dann für die eigenen Zwecke einzusetzen (s. o. 3.2.). Dies macht das NEW AGE-Gedankengut für viele – auch für manche Christen – so verführerisch und gefährlich. Auf diesen Aspekt wird jedoch an späterer Stelle (6.2.) noch ausführlich eingegangen.

Es ist immer wieder erstaunlich, zu sehen, daß in dieser modernen Bewegung die uralte Gnosis selbst in Teilaspekten zu einer solch starken Bedeutung gelangt. Dabei zeigt sich eine interessante geschichtliche Parallele: Der erste starke Gegner des jungen, sich ausbreitenden Christentums war die schon zu dieser Zeit alte Gnosis. In Apostelgeschichte 8 finden wir die Begebenheit von Simon dem Zauberer, der in die Kirchengeschichte unter dem Namen Simon Magus als einer der großen Gnostiker eingegangen ist. Das Verhalten dieses bedeutenden Gnostikers kann als eine gleichnishafte Darstellung des Verhaltens der Gnosis im Laufe der Kirchengeschichte gesehen werden. Der Religionswissenschaftler Leisegang schreibt dazu:

> »Wir erfahren [...], daß Simon selbst sich taufen ließ und mit seinen Anhängern zum Christentum überging. Dann aber entdek-

ken die Apostel, daß seine Gesinnung eine andere als die ihre sei. Simon aber legt nach wie vor Wert darauf, ein Christ zu sein und zu bleiben. So spiegelt dieser Bericht im kleinen die Geschichte der haeretischen Gnosis wieder. Sie war eher da als das Christentum; sie wurde christlich; die Christen stießen sie zurück; sie wollte aber dennoch christlich bleiben und für christlich gehalten werden.«[1]

Lassen wir uns nicht täuschen: Das NEW AGE-Gedankengut befindet sich trotz manchmal »christlicher« Terminologie in voller inhaltlicher Konfrontation mit dem Christentum. Die NEW AGE-Vordenker verabscheuen den Gedanken an eine Erlösung durch das Heilswirken und die Gnade Gottes. Der Stein des Anstoßes ist der Absolutheitsanspruch des Christentums, das nur demjenigen Erlösung gibt, der durch Buße und Gnade und den Glauben an Jesus Christus errettet wird. Die NEW AGE-Vordenker können aber schon aus dem Grunde keinen Gott anerkennen, weil sie selbst Gott spielen möchten und sich ihre Erlösung selber schaffen wollen. In ihren Augen ist derjenige »Gott«, der mit Hilfe »spiritueller Erleuchtung« die globale Evolution lenken kann. Der NEW AGE-Autor Russell verkündet daher großspurig:

> »Ob wir mögen oder nicht, wir sind jetzt die Sachwalter des Evolutionsprozesses auf Erden. In unseren Händen – oder besser, in unseren Köpfen – ruht die evolutionäre Zukunft dieses Planeten.«

NEW AGE-Superoptimismus

Ein wichtiges Kennzeichen des NEW AGE-Gedankengutes, das es grundlegend von den bisherigen, eher pessimistischen Zukunftsprognosen unterscheidet, ist der ins Unendliche gesteigerte Fortschrittsglaube. Man meint, die Evolution führe die Menschheit und den Kosmos immer weiter empor, bis zum Endpunkt der Evolution, der erst dann erreicht werden wird, wenn ein »galaktischer Superorganismus« und ein »erleuchtetes Universum« aus dem jetzigen Kosmos gebildet sein wird. Dieser NEW AGE-Fortschrittsglaube setzt sich dabei mit einer beispiellosen Ignoranz über die negativen Seiten des Menschen hinweg, so, als wären die doch wohl eher ernüchternden Lehren aus einer vieltausendjährigen Menschheitsgeschichte vergessen.

In dieser Hinsicht scheint das NEW AGE wirklich neu zu sein: Es repräsentiert eine revolutionäre, fortschrittsgläubige *Selbsterlösungsreligion*, die keine Entsprechung in der Geschichte der Menschheit hat.

Mit beispielloser Selbstüberschätzung begibt man sich an die Transformation des Kosmos durch die Lehren des NEW AGE. Als Christ fühlt man sich bei diesem Anspruch unwillkürlich an den Turmbau zu Babel erinnert, bei dem die Menschen ebenfalls planten, »einen Turm bis an den Himmel« zu bauen. Wie der Versuch ausging, ist bekannt: Es kam zum Chaos.

Trotz, oder vielleicht gerade wegen dieser irrationalen Selbstüberschätzung des NEW AGE erfreut sich dieses Gedankengut einer rasant ansteigenden Popularität, die sich mittlerweile schon weit über die Alternativszene hinaus in »etablierte« Kreise hinein ausgedehnt hat. Der Grund für die Attraktivität dieser synthetischen NEW AGE-Religion scheint einleuchtend: das menschliche Bedürfnis nach Hoffnung und positiven Zukunftsperspektiven.

Indem die Ergebnisse der Wissenschaft durch die NEW AGE-Vordenker mit spirituellen Inhalten verknüpft werden, übt diese synthetische Religion eine starke Anziehungskraft auf den heutigen, von vielen Ängsten geplagten Menschen aus, der vielleicht aus rationalen Gründen mit einer »Religiösität« nichts zu tun haben wollte, sie aber eigentlich immer unbewußt gesucht hat. Dem Wissenschaftsgläubigen – der wohl in den »etablierten« Kreisen zu finden ist – wird nun auf einmal die Annahme »spiritueller«, religiöser Inhalte erleichtert, und umgekehrt wird dem schon immer »spirituell« geprägten Menschen – der vielleicht unter anderem in der Alternativszene zu finden sein wird – der Zugang zu den optimistischen technischen Strategien des NEW AGE erleichtert.

6.1. Der Weg zum Antichristen?

Einige Autoren vertreten schon heute die Meinung, daß hinter dem NEW AGE der sogenannte »Antichrist«* stehe oder zumindest sein Kommen dadurch direkt vorbereitet werde.

---

* Um möglichen Mißverständnissen um den Begriff des »Antichristen« vorzubeugen, hier eine kurze Definition: Die Bibel unterscheidet das Auftreten von sogenannten Pseudochristussen (Mt 24,24; Mk 13,22) und Pseudopropheten (Mt 24,11.24; Mk 13,22; 1 Joh 4,1; Offb 16,13; 19,20; 20,10) und mehrere Antichristen (1 Joh 4,3) von dem sogenannten apokalyptischen Antichristen, der auch »das Tier« (Offb 19,20) genannt wird. Die mehreren »Antichristen«, vor denen im Neuen Testament mehrfach gewarnt wird, weil sie »Zeichen und Wunder tun, um die Auserwählten zu verführen« (Mk 13,22), werden als die Sendboten des apokalyptischen Antichristus verstanden, die dessen Ankunft vorbereiten sollen. Der apokalyptische Antichrist selbst wird als der »Weltenverführer« und der

In manchen christlichen Kreisen neigt man dazu, bedrohliche Entwicklungen der Gegenwart dem Wirken des Antichristen zuzuschreiben und ein baldiges Ende der Gnadenzeit abzusehen. Diese Interpretation erstreckt sich auch bereits auf die NEW AGE-Bewegung und ihr Gedankengut. Ein 1983 in Amerika publiziertes Buch über die NEW AGE-Bewegung sieht sie als den direkten Wegbereiter des Antichristen.[3] Kann man soweit gehen?

Ein Exkurs in die Geschichte

Bei der Erörterung der Frage, ob durch die NEW AGE-Bewegung das Kommen des Antichristen vorbereitet werden kann, soll durch einen Blick in die Kirchengeschichte auf Situationen aufmerksam gemacht werden, in denen man ebenfalls das Kommen des Antichristen voraussah. Damit soll ein wenig die Problematik der Interpretation von Zeitereignissen hinsichtlich des Auftauchens dieses Widersachers Gottes aufgezeigt werden.

Im Laufe der Geschichte kam es ab und zu vor, daß aufmerksame Beobachter des jeweiligen Zeitlaufes meinten, hinter den bedrohlichen und bösen Zeitereignissen könne sich nur der direkte, satanische Gegner Christi verbergen: der Antichrist. Teilweise ging man sogar soweit, zeitgenössische Personen als »Antichrist« angeblich zweifelsfrei zu identifizieren und öffentlich zu benennen. So schrieb etwa der Stauferkaiser Friedrich II. anläßlich politischer Auseinandersetzungen mit der römischen Kirche, daß der Papst Gregor IX. »der Antichrist« sei.

Auch während der Reformation wurden die jeweiligen Gegner im Kampf um die religiöse Vorherrschaft wechselseitig als endzeitliche »Antichristen« dargestellt. So betrachtete Martin Luther den damaligen Papst als den »Antichristen«, der durch das Eingreifen Gottes im endzeitlichen Gericht direkt gestraft werden sollte.

Hier sei auch daran erinnert, daß sich neben diesem Begriff des »Antichristen« auch der in vielen christlichen Kreisen »modern« gewordene Begriff der »Endzeit« schon sehr lange zurückverfolgen läßt:

Der früheste Versuch nach der Verbreitung des Christentums, das Weltende vorauszuberechnen, findet sich im Jahre 397 n. Chr., als Bischof Quintus Julius Hilarius eine Schrift über den Zeitenlauf schrieb, in der er das Ende der Welt für das Jahr 500 n. Chr. erwartete. Sogar

»Pseudomessias« der Juden gesehen und als der direkte Widersacher und gleichzeitig als eine satanische Imitation Christi dargestellt.
Dieser apokalyptische Antichrist ist auch in dem Buch von C. Cumbey gemeint und wird in dem vorliegenden Buch ebenfalls so bezeichnet. Die »falschen Christusse« werden dagegen im folgenden als »Pseudochristusse« bezeichnet.

Papst Gregor der Große schreibt von der »alternden Welt«, die dem baldigen Ende entgegeneilt. Bei dem schon oben erwähnten Kaiser Friedrich II. findet sich in vielen Briefen die Wendung »wir, auf die das Ende der Welt gekommen ist«. Luther dagegen war, wohl als Folge der Erkenntnis, daß »es nicht an euch ist, die Zeit oder die Stunde zu wissen«, »immer auf den lieben Jüngsten Tag« gefaßt, den er allerdings für seine nächste Zukunft erwartete.[4]

Mit diesen Ausführungen soll ein wenig verdeutlicht werden, daß es sehr problematisch ist, sowohl die Person als auch bestimmte Aktivitäten des Antichristen in der Gegenwart angeblich zweifelsfrei zu identifizieren. Auch die sichere Erwartung des Weltendes kann sich nicht auf biblische Grundlagen berufen. Die Geschichte zeigt, daß bisher alle diesbezüglichen Einschätzungen falsch waren.

Erfüllte Prophetie und unsere Zukunft

Dennoch – die Situation der Christenheit im zwanzigsten Jahrhundert hat sich im Vergleich zu früheren Generationen entscheidend gewandelt. Der Amerikaner Hal Lindsay zeigte Anfang der siebziger Jahre in seinem vielbeachteten Buch »Alter Planet Erde wohin?«, wie sich biblische Prophetie durch die Jahrtausende hindurch Zug um Zug erfüllt hat. Die Christen der Jetztzeit können nun an den erfüllten Prophetien erkennen (im Unterschied zu den Christen früherer Zeiten, die eben die erfüllte Prophetie noch nicht erleben konnten), daß sie in einem späten Abschnitt der »Gnadenzeit« leben. Dennoch ist es nicht an uns, irgendwelche Prognosen über die noch verbleibende Dauer der Gnadenzeit zu wagen.

Wir wissen, daß eines Tages derjenige auftauchen wird, den die Bibel als den »Antichristen« bezeichnet. Jedoch sollte man sich hüten, darüber nachzudenken, wer von den heute bekannten Persönlichkeiten der Welt einmal dieser apokalyptische Verführer sein könnte. Auch bestehende politische Konstellationen und Institutionen sollten nicht vorschnell als direkte »Vorläufer« oder »Wegbereiter« des Antichristen gesehen werden. Gerade die jüngere Vergangenheit hat mehrfach gezeigt, daß die Identifizierung von bestimmten Personen als »Antichrist« durch den Verlauf der Geschichte ad absurdum geführt wurde. Insofern ist auch der Versuch von C. Cumbey, das NEW AGE als den direkten Wegbereiter des Antichristen zu sehen, wohl ein wenig übertrieben, wenn auch diese Interpretation bei ausführlichem Studium der NEW AGE-Literatur und der Aktivitäten dieser Bewegung zugegebenermaßen naheliegen kann.

Wenn wir also vom heutigen Standpunkt aus gesehen nicht wissen, wann und wie die endzeitlichen Ereignisse ihren prophezeiten Gang gehen werden, so können wir andererseits doch sagen, daß bereits heute gewisse Strömungen in Politik und Geisteswelt zu beobachten sind, die den endzeitlichen Ereignissen durch einen breitangelegten Bewußtseinswandel der Weltbevölkerung die Bahn ebnen könnten.

Wie könnte man sich eine solche globale Situation ungefähr vorstellen, ohne in unzulässige Details abzugleiten?

Es ist zu erwarten, daß die bisher unlösbaren Probleme in der Zukunft immer drängender werden: Man denke nur an verheerende Umweltkatastrophen, unlösbare politische und gesellschaftliche Probleme, den Konflikt zwischen Industrieländern und den Ländern der dritten Welt. Neu auftretende, weltweite Krankheiten und die ständige Bedrohung des Friedens durch die Existenz unzähliger Nuklearsprengköpfe sowie die immer rasantere Ausbreitung des internationalen Terrorismus bringen selbst Kulturoptimisten zur Verzweiflung, wenn sie über die heutige Situation der Menschheit nachdenken.

Ein für die menschlichen Konflikte grundlegendes Faktum ist sicher nicht wegzudiskutieren: Die Pluralität des Denkens und Handelns auf dieser Welt, die Vielzahl unterschiedlichster Vorstellungen und Ziele der vielen Völker und einzelner Gruppen und Individuen bietet eine nie versiegende Quelle von Konflikten. Der Menschheit von heute fehlt zur Lösung ihrer Probleme vor allem eine verbindende Grundlage, eine integrierende Sicht der Wirklichkeit und der verschiedenen Weltanschauungen, die keinen Raum mehr für Konflikte bietet und damit eine Chance zur Lösung globaler und lokaler Probleme aufzeigt.

Gerade an diesem Punkt setzt nun der Gedanke von der Transformation an: Als eine solche neue Grundlage, auf der die Menschheit durch das neuentdeckte Bewußtsein der Zusammengehörigkeit vereinigt werden soll, sieht die NEW AGE-Bewegung die Botschaft von der Transformation und ihrer Neuen Paradigmen in allen Lebensbereichen. Zu den mächtigsten Integrationsinstrumenten dieser Bewegung gehört dabei sicherlich die universell gültige NEW AGE-Spiritualität, die die Weltreligion von morgen werden soll.

Daher ist es nur folgerichtig, daß die NEW AGE-Religion selbst das Kommen eines sogenannten »Christus« – des »Weltenlehrers« – ankündigt und zur Vorbereitung dieses Ereignisses eine für alle Menschen in allen Völkern allgemeinverbindliche Weltreligion einzusetzen versucht.

Im Neuen Testament wird vielfach vor dem Erscheinen von Pseudochristussen gewarnt, die von sich selbst sagen: »Ich bin der Christus.« Die bestürzende Parallele zu der Wiederkunftsankündigung des NEW AGE-

»Christus« liegt auf der Hand. Auf der Grundlage des Handelns dieses »Weltenlehrers« soll dann eine neue politische Weltordnung geschaffen werden.

Es soll noch einmal betont werden: Das NEW AGE-Gedankengut mit seinen beiden Grundlagen, dem Systembild des Lebens und dem esoterisch-okkulten Ansatz, *könnte* die geistig-religiöse Grundlage für eine endzeitliche Welt werden. Diese Möglichkeit scheint um so wahrscheinlicher, als die offizielle Ideologie dieser Bewegung jene Pseudochristusse erscheinen lassen will, die die Bibel für das Ende der Gnadenzeit ankündigt und vor denen sie ausdrücklich warnt.

Weitergehende Prognosen, ob nun etwa das NEW AGE den Antichristen hervorbringen wird oder nicht, kann und sollte man wohl nicht wagen.

In diesem (und nur in diesem) oben definierten Sinne könnte man das NEW AGE-Gedankengut durchaus auch als einen möglichen Wegbereiter antichristlichen Wirkens bezeichnen, ohne die NEW AGE-Bewegung nun endgültig als die alleinige Hausmacht des Antichristen zu sehen und damit die ständig neue Beurteilung der »Zeichen der Zeit« zu vernachlässigen.

6.2. Die pseudochristliche Täuschung

Trotz aller Gegnerschaft des NEW AGE-Gedankens gegenüber dem Christentum findet man in dem esoterischen Gedankengut des NEW AGE viele erstaunliche Parallelen zu christlichen Inhalten. Dieser Aspekt soll wegen seiner immensen Bedeutung für das Erscheinungsbild des NEW AGE in der Gegenwart ein wenig vertieft werden.

Teilweise werden Inhalte des christlichen Glaubens kopiert und gleichnishaft zur Verdeutlichung der Lehren des NEW AGE angewandt – dies wohl unter anderem als eine Folge des gnostischen Bestrebens, Christentum mit Gnosis zu verbinden. Andererseits scheint diese Imitation christlicher Glaubensinhalte auch dem bewußten Ziel der Täuschung zu dienen: Dadurch soll der radikal anti-christliche Charakter dieser Bewegung zumindest in der Phase der Ausbreitung verschleiert und so auch »christliche« Bevölkerungskreise über die wahren Ursprünge und Absichten des esoterischen NEW AGE-Gedankengutes getäuscht werden.

Trinität

Die Imitation christlicher Inhalte findet sich z. B. in dem Begriff der »Dreieinheit«, mit dem manche NEW AGE-Vordenker das beschreiben, was sie für »Gott« halten, was aber nicht das Geringste mit der Dreieinheit des Gottes der Christen zu tun hat.

Bekehrung

Selbst die für das Christentum zentralen Begriffe »Bekehrung« und »Umkehr« werden von den Vordenkern dieser Bewegung benutzt oder besser: mißbraucht. Bekehrung und Umkehr bedeuten hier nämlich eine Hinwendung zum NEW AGE-Gedanken mit der nachfolgenden »Transformation«.

Erlösung, Heil

Bei der NEW AGE-Erlösung handelt es sich primär um eine kollektive, die ganze Menschheit umfassende, aber keine persönliche »Erlösung«. Es scheint so, das sei hier kurz angemerkt, als sei im NEW AGE überhaupt kaum Platz für die einzelne Persönlichkeit des Menschen: Das Individuum verliert sich im Dienste für die »kosmische Evolution« und die Transformation des Kosmos (s. o. 4.4.).

Mit diesen Vorstellungen stellt das NEW AGE-Gedankengut mit seinen Strategien zur »Erlösung« und zum »Heil« ein anderes, ein bewußt pseudochristliches Evangelium dar. Dieses Pseudo-Evangelium wird von Marylin Ferguson sogar explizit als das »Wassermann-Evangelium Jesu Christi« bezeichnet (s. o. 3.2.).

Mission

Die »Heilsbotschaft« des NEW AGE wird von den »Verschwörern im Zeichen des Wassermannes« überallhin getragen und überall dort verkündigt, wo Menschen für diese Botschaft erreichbar sind: in Medien, in Konferenzen, in persönlichem Gespräch, kurz: überall! Wir finden in diesem Auftrag zur Verbreitung des Neuen Paradigmas eine deutliche Imitation des Missionsauftrages an die wiedergeborenen Christen.

Gemeinde

Die säkulare Gemeinde der transformierten NEW AGE-Anhänger wird durch ein weltweit verbreitetes System von Netzwerken gebildet, die dem einzelnen – so Marylin Ferguson – »emotionelle, intellektuelle, spirituelle und wirtschaftliche Unterstützung« bieten. Im Netzwerk, in der Gemeinschaft mit anderen transformierten NEW AGE-Anhängern, soll für die Verwirklichung der globalen Transformation gearbeitet werden.

Christus

Selbst der Begründer des Christentums – und die mit ihm verbundene Heilserwartung der Christenheit – wird ausgetauscht und durch einen Pseudo-Christus ersetzt, der anstatt des Christus der Bibel auf die Erde zurückkehren soll und der Welt unter den verschiedensten Namen angeboten wird: als »Lord Maytrea«, als »Weltenlehrer« oder schlicht und einfach als »Christus«.

Was sind nun die Folgen dieser breitangelegten Nachäffung christlichen Glaubens? Die Imitation von Inhalten und die Umdeutung der Werte des Christentums von seiten der NEW AGE-Bewegung bewirkt, daß die Menschen für das Evangelium Christi um so unerreichbarer werden, je weiter sich das NEW AGE-Gedankengut ausbreitet: Werden die Menschen doch an die Begriffe »Bekehrung« und »Umkehr« in einem Sinne gewöhnt, der eine wahrhaftige, persönliche Buße nach der Lehre der Bibel nahezu unmöglich machen kann.

Gnosis contra Christentum

Die Bedrohung des Christentums durch eine solche Imitation von christlichen Glaubensinhalten ist jedoch nicht erst ein Kennzeichen des NEW AGE, sondern läßt sich bis in die Anfangszeit des Christentums zurückverfolgen.

Mit der Einsetzung des Evangeliums Christi kamen auch andere, in hohem Maße attraktive »Heilslehren« auf, vor denen die Bibel eindringlich warnt. Besonders die gnostische Sekte der Nikolaiten machte dem noch jungen Christentum stark zu schaffen. Es war offenbar so, daß nicht alle Christen die von ihr ausgehende Gefährdung erkannten, denn die Ablehnung ihrer Werke durch die frühen Christen wird besonders gelobt (Offb 2,6).

Es liegt scheinbar in der Natur des Menschen, ein anderes, ein bequemeres – man möchte fast sagen: ein »gnostisches«, in der Substanz abgeschwächtes und verfälschtes – »Evangelium« anzunehmen. Der Apostel Paulus schreibt an die Galater: »Ich wundere mich, daß ihr euch so schnell von dem, der euch in die Gnade Christi berufen hat, zu einem anderen Evangelium umwendet...« (Gal 1,6)

Die Verbindung von menschlichen Heilslehren – wie etwa der Gnosis – und Christentum war schon immer ein Mittel, die Kraft des Christentums entscheidend zu schwächen. Dies wissen natürlich auch die Vordenker des NEW AGE. Man erkennt, daß man keine weitreichende Transformation im Sinne des NEW AGE erreichen kann, wenn man sich nur auf die Verbreitung von bisher im Westen fremden Religionen konzentriert. Nach Ansicht dieser Vordenker muß das NEW AGE gerade das Christentum »transformieren«, um weitreichenden Erfolg zu haben. Spirituelle Erfahrung im Sinne des NEW AGE wird deshalb als eine »Belebung« für das »moderne« und transformierte NEW AGE-Christentum gesehen. Marylin Ferguson schreibt dazu:

> »Meine Definition des Christentums hat sich mit den Jahren erweitert. Seitdem ich mich beispielsweise mit Meditation befaßte, bekam ich eine viel lebendigere Erfahrung der Vision von Christus als jemals durch Predigten und durch das Dogma. [...] Viele christliche Kirchen sehen, daß unmittelbare spirituelle Erfahrung eine Wiederbelebung für das Christentum bietet.«[5]

Lassen wir uns nicht täuschen: Es gibt keine andere Heilsbotschaft als das reine, unverfälschte Evangelium des Jesus Christus! Dieses Evangelium wird weiterhin unbequem, »intellektuell nicht akzeptabel«, eine Torheit und ein ständiger Stein des Anstoßes für »fortschrittlich Denkende« in einer sich dem Zeitgeist anpassenden Namenschristenheit sein.

Dieses Evangelium wird sich auch nicht mit anderen Religionen oder Ideologien – wie etwa dem NEW AGE – vereinen lassen, auch wenn seitens der NEW AGE-Vordenker dieser Versuch auf breitester Front und mit subtilen Mitteln unternommen werden wird. Das Evangelium Christi wird in seiner reinen, biblischen Form auch weiterhin »lebendig« und »scharf« sein, wird durchdringen bis zur »Scheidung« von »Seele und Geist« und die Kraft zu Buße und Errettung haben.

6.3. NEW AGE und der Tod

Seitens der Vordenker des NEW AGE wird die Existenz eines endgültigen Todes kategorisch geleugnet. Dagegen beherrscht die Idee von der Reinkarnation die Schriften dieser Autoren. Interessanterweise vertreten die Autoren des wissenschaftlichen Ansatzes, der Systemschau des Lebens, die Ansicht von der Reinkarnation genauso wie die Autoren der esoterischen NEW AGE-Tradition.

Interessant in diesem Zusammenhang ist auch die unnachgiebige, ja ausgesprochen feindselige Haltung, die man anderen Auffassungen über den Tod und das Leben nach dem Tode entgegenbringt. Da gerade im Christentum das Faktum des Todes ein besonderes Gewicht hat, wird auch hier die christliche Lehre zur Zielscheibe herber Kritik.

Besonders die Sterbeforscherin Elisabeth Kübler-Ross, die sich in der letzten Zeit der NEW AGE-Bewegung angeschlossen hat, spart ja nicht mit Kritik am Christentum und dessen Auffassung vom Tod (s. Zitat oben in 3.2.1.).[6]

In den letzten Jahren hat die Wissenschaft vom Sterben, die Thanatologie, in der Presse viele Schlagzeilen gemacht. Besonders bekannt unter den Thanatologen wurde ein Dr. Moody, der bei vielen Patienten, die bereits klinisch tot waren und durch medizinische Wiederbelebung wieder zurückgeholt wurden, Untersuchungen über deren Empfinden beim Moment des »Übergangs« anstellte. Er fand angeblich heraus, daß die meisten Personen fast nur positive Erfahrungen beim »Sterben« machten; da war nur von überwältigenden Gefühlen der Liebe und des Verständnisses die Rede, von Wärme und strahlendem Licht.

Ein anderer Arzt, Dr. Rawlings, machte ebenfalls solche Untersuchungen, kam aber zu anderen Ergebnissen: Er stellte fest, daß es mindestens ebenso viele negative Erfahrungen beim Übergang zum Tode gebe wie positive Erfahrungen.[7] Ganz abgesehen von der Frage, ob solche Untersuchungen überhaupt etwas über das »Leben nach dem Tode« auszusagen vermögen, so ist doch die die Reaktion der NEW AGE-Thanatologen auf diese Untersuchung sehr interessant:

>»Rawlings hat bereits in den frühen Jahren der Sterbeforschung zwei Bücher veröffentlicht, in denen er behauptet, daß es ebenso viele Fälle von negativen Todeserfahrungen wie positive gäbe. Mit dieser Behauptung steht er allerdings unter allen Fachleuten allein.
>Ich habe ihn persönlich kennengelernt und dabei – wie aus seinen

Büchern – erfahren, daß er ein Fundamentalist ist; einer jener absolut bibelorientierten, konservativen Christen.

Vom Standpunkt der angewandten Methoden betrachtet, taugen seine Erhebungen nicht besonders viel. [...] Allem Anschein nach sind seine Daten aufgrund seiner christlichen Überzeugung verfälscht oder zumindest verzerrt.«[8]

Dieses Zitat belegt noch einmal deutlich, daß man seitens der NEW AGE-Thanatologen nicht gewillt ist, Lehren des Christentums oder sogar Forschungsergebnisse von »bibelorientierten« Christen anzunehmen.

Die für den normalen Menschen geradezu verführerische Erkenntnis, die diese Thanatologen aus ihrer Arbeit bekommen, ist folgende: »Das Wesentliche (im Leben des Menschen) ist die Liebe.«

Wer, wie die NEW AGE-Vordenker, dem Tode seinen Schrecken zu nehmen versucht, wiegt die Menschen in einer falschen Sicherheit. Die Bibel lehrt ganz eindeutig, daß der Tod eine Folge der Sünde ist (Röm 6,23). Bezüglich des Gerichtes des Menschen durch Gott nach dem Tode heißt es, daß »es den Menschen bestimmt ist, *einmal* zu sterben, danach aber das Gericht« (Hebr 9,27). Dies sind zugegebenermaßen sehr unangenehme, ja geradezu erschreckende Aussagen für Menschen, die sich nicht durch den Glauben an Jesus Christus von ihrer Schuld befreit wissen.

7. Aktuelle Aspekte des NEW AGE

7.1. Die Ökologie des Wassermannzeitalters

Die Vordenker des NEW AGE sagen deutlich und explizit, daß die Ethik des anbrechenden »Zeitalters des Wassermannes« eine »ganz klar ökologische Ethik« sei.[1]

Im synthetischen Denken des »Neuen Zeitalters«, in der Relativierung aller bisher überkommenen ethischen Vorstellungen muß, so die »NEW AGE«-Vordenker, ein völlig neues System von allgemeinverbindlichen und global angewandten Normen und Werten geschaffen werden. Dieses neue Wertsystem für die Menschheit im NEW AGE ist die Natur, die ja in Verbindung mit allem Lebendigen und mit der »Spiritualität« und »Transzendenz« des Kosmos gesehen wird. Der höchste Wert der ökologischen Ethik ist dabei die Unversehrtheit der ewigen, »spirituell« transzendierten Natur. Die NEW AGE-Vordenker hoffen bei der Durchsetzung dieser Normen auf die Kraft der Natur und die ihr innewohnenden positiven, schöpferischen Kräfte der Evolution.[2]

In dieser Sicht ist der Mensch zum Spielball »evolutionärer Prinzipien« geworden, der seine Sinnbestimmung nur im kollektiven Weiterleben der Menschheit – im Dienste einer evolutionären »Höherentwicklung« – findet. Für den Ablauf der Evolution ist danach nicht das Individuum, der einzelne Mensch, ausschlaggebend, sondern die Menschheit in ihrer Gesamtheit.

Aus diesem Denken folgt eine ganz praktische ethische Konsequenz, die zwar oft (noch) bestritten wird, aber dennoch schon heute vollzogen wird: Wenn schon der einzelne Mensch in dieser »ökologischen Ethik« kaum Platz findet, so findet ein schwacher Mensch noch weniger das Interesse dieser Ethik.

Diese »ökologische Ethik« ist daher zutiefst unmenschlich, weil sie den einzelnen, besonders einen schwachen einzelnen, nicht genügend in seinem Recht auf Leben beachtet. Wer die Natur vergöttert, verliert nur allzuschnell das Interesse am Menschen und seinem Wohl...

Die Natur als Wertmaßstab?

Die Bibel sagt uns, daß an der Natur, wie wir sie heute erleben, nichts Gutes ist, ja, die Natur »seufzt« und hofft darauf, »frei zu werden von der

Knechtschaft des Verderbnisses« (Röm 8,22). Diese Tatsache der Verdorbenheit der Natur ist bei der Beleuchtung der »ökologischen Ethik« das ausschlaggebende Faktum: Die Natur zeigt zwar auch heute noch in wunderbarer Weise die Liebe und Intelligenz des Schöpfergottes. Daher wird man sich als Christ auch an der Natur erfreuen und sie in einer angemessenen, verantwortlichen Weise behandeln. Wir müssen uns aber vor Augen halten, daß die Natur dennoch durch die Sünde »verdorben« ist.

Wenn man nun versucht, Werte und Normen für das menschliche Leben aus den Prinzipien der »verdorbenen« Natur abzuleiten, so wird man nur zu solchen Werten gelangen können, die ebenfalls »verdorben« sind.

Wir Menschen brauchen ein tragfähiges Wertesystem, das nicht menschlichen Veränderungen und Geistesströmungen unterliegt. Vollkommene, ewige Werte können nur von einer vollkommenen, ewigen Instanz eingesetzt werden – von Gott. Deshalb kann auch nur eine solche Ethik die tragfähige, unveränderliche Grundlage eines menschenwürdigen Lebens sein.

Man ahnt Schlimmes, wenn Vertreter des NEW AGE, die sich ja der »ökologischen Ethik« verschrieben haben, bereits beim Thema »Ökologie« auf den Wert des menschlichen Lebens zu sprechen kommen. Als ein Beispiel für viele andere Zitate sagt eine NEW AGE-Autorin:

> »Das Leben vieler älterer Menschen kann nur noch mit Hilfe von Maschinen erhalten werden, und die meisten Menschen sagen, sie wollten, daß die Maschinen abgestellt werden, wenn es so weit sei. Ganz ähnlich gibt es eine Zeit zu Beginn des Lebens, in der ein befruchtetes Ei und dann ein Fötus nicht lebensfähig sind, es sei denn, die Frau ist bereit, ihren Körper zur Verfügung zu stellen und das Leiden [bei der Geburt, Anm. d. Verf.] zu akzeptieren. Eine Frau entweder zur Entbindung oder zur Abtreibung zu zwingen, ist Gewalt gegen ihre Person.«[3]

Wenn der Wert des Lebens – sei es das des alten oder des noch ungeborenen – auf der Grundlage der »ökologischen Ethik« des Wassermannzeitalters beurteilt wird, dann scheinen wir uns der Huxleyschen Vision von »Brave New World« mit Riesenschritten zu nähern; dem einzelnen Menschen, dem Individuum in seiner Einzigartigkeit in Raum und Zeit, kommt ein geringerer Wert zu, als ihm zusteht. Dies hängt nicht zuletzt mit der Sicht des menschlichen Lebens im Lichte der im NEW AGE verbreiteten Reinkarnationslehre zusammen: Nach Ansicht der

NEW AGE-Vordenker hat der Mensch ja die Möglichkeit, mehrmals auf der Erde – oder auch woanders – geboren zu werden. Der Gedanke der Reinkarnation erweist sich für den Wert des menschlichen Lebens daher nicht gerade als förderlich.[4]

Die Ethik der Bibel – die für den Menschen geoffenbarte Ethik Gottes – mißt im Gegensatz zur »ökologischen Ethik« dem Menschen als Individuum größten Wert bei. Der einzelne Mensch wird in seiner zeitlichen Existenz als einmalig und einzigartig gesehen – bei voller eigener Verantwortlichkeit für sich und sein Leben.

7.2. Die »ganzheitliche« Medizin

Die »ganzheitliche« Medizin nimmt bei den »NEW AGE«-Vordenkern einen äußerst wichtigen Platz ein, läßt sich doch das Streben des Menschen nach Gesundheit und dem Heilen von Krankheiten in direktem Zusammenhang mit dem »Neuen Paradigma« sehen. So wie der Mensch und die ganze Welt nach dieser Auffassung Teile eines Ganzen sind, so ist Gesundheit nicht ein isoliertes körperliches Gut oder ein Selbstzweck, sondern bedeutet Harmonie mit sich selbst und der Umwelt, im weitesten Sinne mit dem Kosmos. Demgegenüber wird Krankheit als der Zustand der Disharmonie mit dem Kosmos und den Prinzipien des Lebendigen aufgefaßt, den es mittels der »ganzheitlichen« Medizin zu beenden gilt.

Aus diesem Grunde wird die »ganzheitliche« Medizin im »Wassermannzeitalter« von ihren Vordenkern ganz klar und in erster Linie als ein Instrument zur *spirituellen Integration* des Menschen in seine Umwelt und in den Kosmos betrachtet. Wird mit Hilfe der spirituellen Heilverfahren der »ganzheitlichen« Medizin eine Harmonie des Menschen mit der Natur erzielt, so kann der Mensch gesund bleiben oder gesund werden. Es ist also deutlich, daß eine Heilung nur dann zustande kommen kann, wenn bestimmte spirituelle Heilverfahren angewendet werden, die eine »Gleichschwingung« und spirituellen Kontakt mit der Natur bedingen.

Damit steht die NEW AGE-Medizin in Gegensatz zu den Strategien der naturwissenschaftlichen Medizin, in der die Gesundheit des Menschen unabhängig von einer wie auch immer gearteten spirituellen Verbindung zur Natur erreicht werden soll. Bei der Erörterung der Medizin des »NEW AGE« gilt es, sich dieses fundamentalen Unterschiedes zur herkömmlichen westlichen Medizin bewußt zu sein, handelt es sich bei der Medizin des »NEW AGE« doch um eine teilweise bewußte Aufgabe der naturwissenschaftlich überprüfbaren Strategien zugunsten der Praktizierung spiritueller Übungen.

Eine Beurteilung des Nutzens der NEW AGE-Medizin ist nur dann objektiv möglich, wenn man ihre Methoden mit naturwissenschaftlichen Mitteln untersucht. Nur so ist eine Objektivierung des Nutzeffektes der »ganzheitlichen« Medizin unabhängig von ihrem spirituellen Hintergrund möglich. Es ist also die Wirksamkeit der angewandten Heilverfahren zu prüfen, ebenso wie ihre Ungefährlichkeit für den Patienten, der sich solchen Therapien unterzieht.

Positiv ist zu bewerten, daß die Medizin des »NEW AGE« den Patienten als Mensch in einem Umfeld sieht, das vielfältige krankmachende Einflüsse auf ihn ausübt. In der »ganzheitlichen« Medizin werden keine kranken Organe behandelt, sondern der gesamte kranke Mensch in seiner Disharmonie mit der Umwelt. Dieser integrierte, »ganzheitliche« Ansatz ist sicherlich begrüßenswert und sollte auch von der naturwissenschaftlich orientierten Medizin ernst genommen und als ein Denkanstoß zur Verbesserung des Verhältnisses von Patient und Arzt betrachtet werden.

Die Qualität der Medizin des »NEW AGE« wird aber nicht nur durch ihren Ansatz bestimmt, sondern vor allem durch die von ihr angewandten Methoden zur Diagnose und Therapie. Bei den angewandten Verfahren zur Diagnose von Krankheiten zeigt sich, daß weithin auf solche Diagnosemethoden zurückgegriffen wird, die von der naturwissenschaftlich orientierten Schulmedizin weitgehend als zur Diagnose von Krankheiten untauglich beurteilt worden sind. Insbesondere sind hier die diagnostischen Methoden der »Irisdiagnose« sowie der »Fußreflexzonendiagnose« zu nennen.[5]

Das therapeutische Repertoire des »NEW AGE« beruht ebenfalls zum überwiegenden Teil auf solchen Außenseitermethoden, die zur Zeit von der naturwissenschaftlichen Medizin als wenig wirksam eingestuft werden. Manche dieser Verfahren bergen darüber hinaus auch nichtkalkulierbare Risiken für solche Patienten, die sich ausschließlich mit diesen Methoden behandeln lassen. Hier sind etwa die sogenannte »Geistheilung«, das »Handauflegen« oder die unsachgemäß und laienhaft angewandte Akupunktur zu erwähnen.[6]

Die »ganzheitliche« Medizin beschreitet auch in der Psychiatrie und Psychotherapie gänzlich neue Wege. Es fällt auf, daß der Gebrauch von potenten halluzinogenen Drogen von fast allen namhaften Vordenkern der »ganzheitlichen« Medizin befürwortet, ja als besonders geeignet zur Herstellung der Harmonie mit sich selbst und dem Kosmos angesehen wird. Der reichliche Gebrauch der verschiedensten Drogen wird sogar empfohlen, um das allgemeine körperliche und geistige Wohlbefinden zu erhöhen. Bestehende Gefahren des Drogengebrauchs und -mißbrauchs, die ja zur Drogengesetzgebung in allen westlichen Ländern geführt haben, werden bewußt heruntergespielt. So wird z. B. LSD als eine ungefährliche Droge beschrieben.[7]

Angesichts des namenlosen Leides, das der Drogenkonsum über viele Menschen gebracht hat, kann man eine solch verharmlosende Darstellung des Drogenkonsums und der Drogenanwendung auf keinen Fall gutheißen.

Die »ganzheitliche« Medizin öffnet sich, genauso wie es die NEW AGE-Vordenker tun, »spirituellen« und mystischen Erfahrungen: Nicht die Gesundheit des Menschen ist ihr Hauptanliegen, wie man meinen sollte, sondern dessen »Einssein« mit dem Kosmos. Aus diesem Grunde werden in die Medizin des »Wassermannzeitalters« all jene Heilverfahren mühelos integriert, die auf den wirksamen Prinzipien der »Kosmischen Kraft« oder der »Lebensenergie« beruhen (wie etwa Akupunktur, Homöopathie, Geistheilen).

Da man seitens des NEW AGE auch parapsychologische Phänomene akzeptiert und praktiziert, setzt man in der »ganzheitlichen Medizin« auch okkulte* Diagnostik- und Therapiemethoden ein (Irisdiagnostik, Handauflegen, Kirlan-Fotografie usw.). Die Anwendung okkulter Diagnostik- und Therapieverfahren steht einer rasanten Verbreitung der Medizin des NEW AGE dabei nicht etwa entgegen, sondern fördert sie sogar eher, weil sie das im Menschen scheinbar tiefverwurzelte Verlangen nach dem »Übernatürlichen« befriedigen. Man hat sogar den Eindruck, als verbreite sich die »ganzheitliche« Medizin schneller als das allgemeine Gedankengut des NEW AGE. Eine große Anzahl in den letzten Jahren erschienener Bücher über »natürliche« und »ganzheitliche« Medizin trägt zur Publikumsinformation im Sinne der »ganzheitlichen« Medizin – und damit im Sinne der allgemeinen Ziele des NEW AGE – bei.

7.2.1. Die »ganzheitliche« Medizin und das Christentum

Wenn man die »ganzheitliche« Medizin in ihrem Verhältnis zum Christentum beurteilen soll, so muß man eigentlich nur nach ihren Grundlagen fragen: Wir haben gesehen, daß der »ganzheitlichen« Medizin alle wichtigen spirituellen Vorstellungen des NEW AGE zugrunde liegen. Darüber hinaus wurde gezeigt, daß die NEW AGE-Medizin

---

* *Definition von »okkult«:* Dieser Begriff wird hier lediglich in seiner wissenschaftlichen Bedeutung gebraucht; »okkult« = wissenschaftlich nicht faßbar.

primär eine spirituelle Aufgabe hat: nämlich die praktische Einübung der Menschen in das Denken des Wassermannzeitalters. Daher wendet diese Medizin mit Vorliebe solche Heilverfahren an, die auf spirituellen Prinzipien wie der »Lebenskraft« oder »Kosmischen Kraft« beruhen. Es ist in diesem Zusammenhang bemerkenswert, daß viele Christen solche Heilmethoden praktizieren, die auch gerade von der »ganzheitlichen Medizin« wegen ihres spirituellen Hintergrundes propagiert werden. Dazu gehören etwa Homöopathie, Akupunktur und Irisdiagnostik.

Es ist nicht Aufgabe dieses Buches, sich ausführlich mit den neuen und alten »sanften« Heilverfahren auseinanderzusetzen und ihr Pro und Contra zu erörtern. Es soll an dieser Stelle lediglich der »spirituelle« Aspekt dieser Heilmethoden – wie er von der NEW AGE-Bewegung gesehen wird – zur Sprache kommen: Alle Heilmethoden, die auf dem Prinzip der »Kosmischen Kraft« und der »Lebensenergie« – und damit auf spirituellen Prinzipien – beruhen, sind nach dieser Ansicht eben nicht »nur« Heilmethoden, sondern Einübungen auf dem Weg hin zur Harmonie mit dem Kosmos. Es wurde schon mehrfach aufgezeigt, daß diese Harmonie, diese »Ganzheit« mit dem Kosmos auch das »Heil« und die Bestimmung des Menschen darstellen soll (3.3. u. 7.1.).

In »Ganzheit«, »Gleichschwingung« oder »Harmonie« mit dem Kosmos zu sein, indem man solche Verfahren anwendet, bedeutet daher nach Ansicht der NEW AGEr, sich mit den »Kräften« und »Energien« der »Welt« zu vereinigen, ein Teil von ihr zu werden und sich ihren – angeblich heilenden – Wirkungen auszusetzen. Eine solche Sicht von Heilverfahren, die manchem Christen lieb und teuer geworden sind (z. B. Homöopathie, Akupunktur und Irisdiagnostik), sollte m. E. Anlaß zu selbstkritischen Fragen sein.

Erinnern wir uns: Der Körper des Christen ist nicht etwa ein Experimentierfeld für die unterschiedlichsten Heilungsideologien, sondern die Wohnung des Heiligen Geistes – wir Christen sollten daher in jeder Hinsicht verantwortlich mit ihm umgehen.

> »Wißt ihr nicht, daß ihr Gottes Tempel seid und der Geist Gottes in euch wohnt? Wenn jemand den Tempel Gottes verdirbt, den wird Gott verderben, denn der Tempel Gottes ist heilig; der seid ihr« (1 Kor 3,16.17).

7.3. Feminismus im Wassermannzeitalter

Es ist erklärtes Ziel der NEW AGE-Bewegung, die gegebenen Geschlechtsunterschiede zwischen Mann und Frau im gesellschaftlichen Bereich aufzuheben und das weibliche »Prinzip« zu vermehrter Geltung zu bringen.[8] Der überall in den westlichen Ländern der Erde erstarkende Feminismus wird von den NEW AGE-Vordenkern als so stark eingeschätzt, daß er eine der Haupttriebfedern der »gesellschaftlichen Transformation« darstellen soll.

In der Literatur der radikalen NEW AGE-Feministinnen ist kaum noch von der »Gleichberechtigung der Frau« die Rede, sondern es wird in vielen Schriften der NEW AGE-Vordenker unverhohlen die Überlegenheit des weiblichen Prinzips über das männliche Prinzip gepredigt. Man hat den Eindruck, als gebe man sich, nach einer Ära des männlichen »Sexismus«, der kompensatorischen Unterdrückung alles Männlichen hin. Geschichte und Theologie werden radikal in Richtung eines »feministischen« Geschichtsbildes uminterpretiert und alles, was männlich ist, als ein grundlegendes Übel in der Weltgeschichte dargestellt. Mit männlichen Attributen versehene Gottheiten werden als ein typisches Ergebnis des Patriarchats verlassen und statt dessen die weiblichen Göttinnen – Diana, Demeter usw. – als die »besseren« Gottheiten dargestellt.

Selbst den Zeitaltern (Fischezeitalter, Wassermannzeitalter) werden von den NEW AGErn männliche oder weibliche Eigenschaften zugeteilt: Das Zeitalter der Fische soll für das konfliktbeladene, männliche Prinzip stehen, das nun anbrechende Zeitalter des Wassermannes für das ausgleichende, sanfte Prinzip der Weiblichkeit, das allein das Weiterleben der Menschheit ermöglichen soll.

Ziel der gesellschaftlichen »Transformation« ist es nun, in allen Sparten des Lebens das »sanfte, weibliche Prinzip« zu etablieren. Es gibt nicht umsonst das Schlagwort von den »sanften« Technologien: Hier wird bereits, ohne es öffentlich zu sagen, an die Vorstellungen über die sanften, weiblichen Eigenschaften des NEW AGE angeknüpft.

Die persönliche Sexualität soll nach Ansicht der NEW AGEr im Wassermannzeitalter endlich voll und ohne restriktive Normen seitens des Christentums ausgelebt werden. Auch bei dieser Forderung vergißt man nicht die scheinbar obligate Betonung des spirituellen Aspektes: »...orgasmisches Vergnügen kann die Pforte sein zum Erlebnis der tiefen Einheit des Seins oder zum Bewußtsein der Gnade.«[9]

Daneben gibt es Tendenzen, die heidnisch-mystische Vorstellungen vom »androgynen«, männlich-weiblichen Menschen im NEW AGE-Gedankengut wiederbeleben wollen. Dieser Gedanke von der Androgynität, dem Doppelgeschlecht, ist schon bei Platon zu finden, der das androgyne Geschlecht als das Urgeschlecht des Menschen ansieht.[10] Auch in der Gnosis – bei dem erwähnten Simon Magnus etwa – findet man den Gedanken von der Androgynität. Dabei ist interessant, daß diese Vorstellungen mit einem übersteigerten Geschlechts- und Fruchtbarkeitskult verbunden waren, über dessen Schamlosigkeit sich schon damals zeitgenössische Überlieferungen entsetzten.[11]

Der androgyne, männlich-weibliche Mensch symbolisiert in diesem wiederbelebten Denken auf eine radikale Weise das Streben nach »Ganzheit« und »Synthese« sowie die Verbindung mit dem Kosmos.

Im Zuge der Relativierung der Geschlechter auf dem Wege zum androgynen, geschlechtslosen Wesen finden auch abweichende sexuelle Orientierungen ihren Platz, wie etwa männliche und weibliche Homosexualität und andere sexuelle Praktiken. Die »ökologische Ethik« des »Wassermannzeitalters« kennt auf sexuellem Gebiet keine Vorbehalte. Ganz im Gegenteil:

> »Im Zeitalter des Wassermanns wird die erotische Liebe [...] große Bedeutung erlangen. Sie wird gleichzeitig experimentelle und existentielle Formen annehmen – und daher lassen sich hier keinerlei Voraussagen machen – aber sie wird ohne Zweifel die derzeitige Sex-Szene bei weitem überschreiten.«[12]

Was sagt nun die Bibel zu diesen Vorstellungen?

Die Bibel kennt keinen »Feminismus«; Mann und Frau werden in ihr als gleichwertige – nicht gleichartige – Individuen gesehen. Wenn das institutionalisierte Christentum im Laufe der Jahrhunderte die biblische Stellung von Mann und Frau nicht beachtet hat und zu einer Benachteiligung der Frau beigetragen hat, so ist dies nicht etwa die Auswirkung einer frauenfeindlichen biblischen Lehre, sondern lediglich die Auswirkung der Sünde.

Der Mensch in seiner Gottebenbildlichkeit wurde als Mann und als Frau geschaffen; da ist keine Rede vom »weiblichen« oder »androgynen« Menschen. Wir sollten uns in einer Zeit der massiven Verfälschung dieses biblischen Menschenbildes auf die Aussagen der Bibel zu diesem Thema stützen, und nicht auf die sich ständig verändernden Anschauungen wechselnder Ideologien.

Auch in bezug auf die Beurteilung der weiblichen und männlichen Homosexualität unterscheidet sich die Lehre der Bibel grundsätzlich von den modernen Auffassungen über Sexualität, wonach Homosexualität als nur eine unter vielen möglichen sexuellen Orientierungen angesehen und ihre bedenkenlose Verwirklichung gefordert wird.[13]

8. Schlußbemerkungen und Ausblick

Bei der zur Zeit stattfindenden Diskussion um das »NEW AGE« trifft man häufig auf verschiedene Interpretationen dieses Phänomens.

Die eine sieht im NEW AGE nur einen geschäftlichen und finanziellen Rummel, der sich sehr bald wieder verlieren wird. Zur Stützung dieser These wird häufig angeführt, daß sich im NEW AGE-Gedankengut viele Aspekte der schon längst Geschichte gewordenen Flower-Power-Bewegung der sechziger und siebziger Jahre wiederfinden. Auch die »Blumenkinder« hatten damals mit viel Emotionen und Aktionen den Traum von einer besseren Welt zu verwirklichen versucht – und sind größtenteils gescheitert.

Das NEW AGE ist bereits seit geraumer Zeit zu einem Millionengeschäft geworden. Insbesondere die Medien und der Musikmarkt wittern ein einträgliches Geschäft mit der »Transformation«. Das Geschäft mit der »neuen Spiritualität« läuft gut...

Andere wiederum scheinen davon auszugehen, daß das NEW AGE-Gedankengut aufgrund der gegenüber damals veränderten sozialen, politischen und ökologischen Bedingungen tatsächlich die Fähigkeit zur breitesten Durchsetzung im Bewußtsein der Menschen haben wird.

Selbstverständlich ist es vom heutigen Standpunkt aus gesehen nicht möglich, mit Gewißheit die Zukunft des Neuen Denkens vorauszusagen. Aber: Man sollte sich davor hüten, die Gedanken von der Transformation nur wegen der kommerziellen Auswüchse, die von cleveren Geschäftsleuten hervorgerufen werden, nicht ernst zu nehmen. NEW AGE ist mehr als Ideologie: Es ist Synthese, Integration bisher unvereinbarer Gegensätze, Neues Denken, Meditation und Mystizismus. Die gewaltige Breite dieses Phänomens erlaubt den Einfluß dieses Gedankengutes auch und gerade dann, wenn es nicht unter dem Schlagwort NEW AGE auftritt.

Die rasante Geschwindigkeit der Ausbreitung von typischen NEW AGE-Gedanken in nahezu allen Lebensbereichen ist geradezu atemberaubend. Plötzlich nehmen sich die Medien Themen an, die sonst nur im Kreise von Esoterikern erörtert wurden: Da finden Fernsehdiskussionen über Reinkarnation statt, Rutengänger führen ihre Suche nach »Erdstrahlen« vor, »Geistheilungen« – die nichts als plumper Betrug sind – flimmern einem Millionenpublikum in die Wohnzimmer. Esoterik und

Magie, wichtige Grundlagen des Neuen Paradigmas, werden allmählich ins Denken und Fühlen der Menschen integriert.

Die durch Medienereignisse veränderte Einstellung der Menschen zum Übersinnlichen ist ein ideales Feld für die Saat des NEW AGE-Gedankens mit seinen optimistischen Strategien zur Weltverbesserung. Hier wird etwas angeboten, für das bei den Menschen ein unermeßlicher Bedarf besteht: Hoffnung auf eine lebenswerte, sichere und friedliche Zukunft.

NEW AGE und die Angst vor der Zukunft

In unseren Tagen entsteht eine niemals zuvor gekannte Sensibilität für ökologische Probleme. Der egoistische und kurzsichtige Raubbau an der Natur sowie die Bedrohung der Natur durch außer Kontrolle geratene Technologien erfüllen die Menschen immer mehr mit schierer, nackter Angst.

Die Menschen erkennen durch den als Katalysator wirkenden, unbarmherzigen Druck der Ereignisse, daß sich vor allem eines in der Welt ändern muß: das Verhältnis der Menschen untereinander und zur Natur. Die Notwendigkeit zu einer persönlichen und kollektiven Sinnesänderung wird in unseren Tagen vielen besorgten Menschen deutlicher als jemals zuvor. Weitere ökologische Katastrophen, die noch nicht einmal das Format von Tschernobyl oder der Rheinverseuchung haben müssen, oder auch politische Ereignisse scheinen, vom heutigen Standpunkt aus gesehen, durchaus geeignet zu sein, die Entwicklung in Richtung »Transformation« noch weiter zu beschleunigen.

Es erscheint daher durchaus vorstellbar, daß viele Menschen wegen echter Besorgnis um die Zukunft durch die Ideen des NEW AGE mit seinen Strategien zur Zukunftssicherung und Weltverbesserung zutiefst beeindruckt werden. Die in diesem Gedankengut vorgezeigte, über alle Maßen optimistische Zukunfts- und Erlösungshoffnung bietet sich an als die vielleicht letzte Hoffnung für die Menschen.

Deshalb scheint es möglich, daß den nach Frieden und Sicherheit verlangenden Menschen eine attraktive Ideologie angeboten wird, die für den einzelnen und die Gesellschaft schwerwiegende Konsequenzen haben kann. Hinter dem ansprechenden äußeren Erscheinungsbild des NEW AGE-Gedankengutes verbirgt sich nämlich nichts anderes als eine neuheidnische Religion, die viele verführen und sie »sanft« in ihren esoterisch-okkulten Bann ziehen will. Aus der lautstark proklamierten »Wendezeit« hin zum »goldenen Zeitalter« könnte so eine »Ab-Wendezeit« in eine alptraumhafte Zukunft werden, in der zwar vielleicht das kollektive Überleben, nicht aber die persönliche Freiheit gesichert scheint.

Es ist die konkrete Furcht und die diffuse Angst vor der Zukunft, die die Menschen für das Gedankengut des NEW AGE anfällig machen. Deshalb scheint die sanfte Verführung auch zu gelingen – gerade auch deshalb, weil die »Verschwörer im Zeichen des Wassermannes« das immer dichter werdende Netz der elektronischen Informationsmedien geschickt nutzen, um die Öffentlichkeit durch eine unauffällige und breitangelegte Gehirnwäsche für ihre allumfassende Heilslehre vorzubereiten.

Der Etikettenschwindel der NEW AGEr

In der Öffentlichkeit wird seitens der NEW AGE-Vordenker meist der Eindruck erweckt, als sei die wissenschaftliche Grundlage des NEW AGE, nämlich die Systemschau des Lebens und das daraus folgende veränderte Denken, die allein maßgebliche Grundlage des NEW AGE. Dieser wissenschaftliche Ansatz des NEW AGE – die Betrachtung der Welt als ein vernetztes System mit seinen vielfältigen und verknüpften Abhängigkeiten – ist zugegebenermaßen recht einleuchtend und der Wirklichkeit wohl auch angemessen.

In der Tat verspräche der wissenschaftliche Ansatz wichtige neue Ansätze zur Lösung politischer und wirtschaftlicher Probleme auf der Basis eines veränderten wissenschaftlich-technologischen Denkens.

Allzugern wird aber nur diese positive und faszinierende Seite des NEW AGE-Gedankengutes vorgezeigt, die zweite Grundlage, nämlich das esoterisch-astrologische Gedankengut, jedoch bewußt verschwiegen oder nur ansatzweise dargestellt. Dieses Gedankengut wird jedoch ständig unterschwellig und nahezu unmerklich weitergegeben und die Menschen dadurch an ein magisch-mystisches Denken gewöhnt.

Man vergißt über den im »Neuen Paradigma« zweifellos vorhandenen positiven Aspekten sehr leicht, daß beide Ansätze des NEW AGE nebeneinander bestehen, ja, daß der esoterisch-astrologische Ansatz mit seinem gewaltigen Fundus an überliefertem okkultem und esoterischem Gedankengut sowohl die längere geschichtliche Tradition hat als auch auf längere Sicht wahrscheinlich die größere Durchsetzungskraft haben wird.

Und gerade in dem esoterischen NEW AGE-Gedankengut mit seinen für einen Christen beängstigenden Strategien zur globalen, spirituellen Transformation liegt die Gefährdung für jene Menschen, die sich dem

Absolutheitsanspruch dieser Gedanken nicht beugen wollen. Die im esoterischen NEW AGE-Gedankengut schon heute erkennbaren Tendenzen zur unnachgiebigen Intoleranz gegenüber Andersdenkenden – den »Nichterleuchteten« – stellen eine potentielle Gefahr dieser Bewegung dar.[1]

Man sollte sich daher immer wieder vor Augen halten, daß es der offen dargelegte Anspruch dieses esoterischen NEW AGE-Gedankengutes ist, eine einheitliche WELTRELIGION zu etablieren, einen CHRISTUS oder WELTENLEHRER anzukündigen und eine politische NEUE WELTORDNUNG aufzustellen.[2] Zusammen mit den enormen Möglichkeiten einer weltumspannenden, allgegenwärtigen Kommunikationstechnik *könnten* sich erschreckende Perspektiven für die Zukunft bieten.

Andererseits ist es auch durchaus möglich, daß sich die NEW AGE-Bewegung als kurzlebiger und vergänglicher erweist, als man heute aufgrund der schon vorliegenden Erscheinungen annehmen kann. Es gilt daher, bei der Beurteilung dieser Geistesströmung – wie auch bei der Beurteilung anderer für den Glauben relevanter Dinge – Nüchternheit und Wachsamkeit zu zeigen und nicht einem wie auch immer gearteten Extremismus bei der Beurteilung zu verfallen.

Und die Christen?

Machen wir uns nichts vor: Auch die Christen stehen in der Gefahr, durch die in ansprechender Verpackung angebotenen Gedanken geblendet zu werden. Es ist daher heute so wichtig wie nie zuvor, »alles zu prüfen« und das eigene Verhalten danach auszurichten. Wenn die Christen nicht unbeirrt an der Bibel als dem zeitlosen Maßstab für ihr Handeln festhalten, auch wenn sie dadurch nur Spott von einer »transformierten« Gesellschaft ernten sollten, sind sie den verführerischen Einflüssen genauso schutzlos ausgesetzt wie alle übrigen Menschen.

Christen haben eine völlig andere Hoffnung als die Menschen unter dem »Neuen Paradigma« und anderen menschlichen Heilsideologien: Sie wissen sich selbst und die Geschichte der Welt weiterhin in der Hand Gottes. Auch und gerade heute. Daher können sie voller Vertrauen und Gelassenheit und ohne die allgemeine, bedrückende Angst vor dem Nichts (oder dem atomaren Holocaust, oder der nuklearen Verseuchung, oder dem Umweltsterben . . .) der Vollendung der Heilsgeschichte durch die Macht Gottes entgegensehen.

Wir Christen brauchen deshalb aber nicht in satter Selbstgenügsamkeit in dieser Welt leben. Wir können vielmehr noch immer und auf vielerlei

Art das reine und errettende Evangelium Jesu Christi verkünden. Wenn wir in dieser Gesinnung leben und »die Zeit auskaufen«, so ist es auch unerheblich, wann nun genau das Ende der Gnadenzeit sein wird. Daher tun wir sicher gut daran, nicht über solche Dinge zu spekulieren und einer »Endzeithysterie« zu verfallen. Vielmehr sollten wir in Nüchternheit die Zeichen der Zeit beobachten und unser Handeln danach ausrichten.

Die Hoffnung der Christen gründet sich allein auf das Neue Leben durch den Glauben an Jesus Christus. Deshalb können alle die, die in diesem Glauben leben, mit gottgeschenkter Gelassenheit und Ruhe in die Zukunft blicken, anstatt menschlichen und vergänglichen Utopien zur Weltverbesserung nachzulaufen.

Anhang:

Ergänzende Materialien zum NEW AGE-Gedankengut

Dieser Teil des Buches will die im ersten Teil dargestellten Aspekte des NEW AGE-Gedankengutes anhand von Originalquellen noch weiter vertiefen. Die Quellen werden dabei absichtlich ohne weiteren Kommentar dargestellt. Wenn man die Quellen aufmerksam durchliest, so mag es sein, daß man vielen Einzelaussagen der jeweiligen Autoren durchaus zustimmen kann. Es soll an dieser Stelle noch einmal betont werden, daß viele der Anliegen der NEW AGE-Vertreter – etwa der Umweltschutz, die Humanisierung der Medizin usw. – für sich genommen sehr positiv und mehr als akzeptabel sind. Betrachtet man allerdings die hinter den einzelnen Modellen stehenden pantheistisch-gnostizistischen Strömungen und Tendenzen, die sich in der umfassenden NEW AGE-Spiritualität zeigen, so stellen sich die anfangs als positiv gedeuteten Einzelaspekte für den Christen in einem ganz anderen Licht dar. So wird ökologisches Bewußtsein nicht um seiner selbst willen verkündet, sondern als Methode zur Einübung in die Spiritualität von »Mutter Erde« verstanden. Engagement für den Weltfrieden dient analog dazu nicht nur dem Frieden an sich, sondern der Schaffung eines neuen spirituellen »Bewußtseins«, das Frieden erst möglich machen soll. So legitim der vordergründige Zweck von NEW AGE-Initiativen und verwandten Denkrichtungen auch sein mag, so sollte man sich gerade als Christ immer vergegenwärtigen, daß dabei primär ein Glaube, eine Pseudoreligion verkauft werden soll, und nicht nur der aktuelle Zweck.

Nach Ansicht des Verfassers ist es als besonders bedenklich zu bewerten, daß viele NEW AGE-Vordenker nunmehr dazu übergehen, das Christentum im Sinne einer Mysterienreligion zu interpretieren und es in diesen religiösen Zusammenhang zu stellen. Die abgedruckten Quellen zeigen diese Tendenz mit erschreckender Deutlichkeit.

Für die Dokumentation wurden solche Quellen ausgewählt, die für den jeweiligen Teilaspekt des NEW AGE als symptomatisch gelten können. Kritische Texte wurden besonders gekennzeichnet.

1. NEW AGE-Spiritualität

1.1. Kritisch:
NEW AGE-Spiritualität als wiederbelebte Gnosis

Nach dem übereinstimmenden Urteil verschiedener Forscher trägt die NEW AGE-Spiritualität unübersehbare Kennzeichen einer *neuen Gnosis*. Mit »Gnosis« (griech. »Erkenntnis«) wird in der Kirchengeschichte eine bunte Vielfalt religiöser Strömungen aus den ersten Jahrhunderten unserer Zeitrechnung bezeichnet. Sie erstrebten ähnliche Ziele und redeten z. T. eine ähnliche Sprache wie die jungen Kirchen, unterschieden sich aber vom christlichen Glauben in fundamentaler Weise. Die NEW AGE-Spiritualität unserer Tage mit ihren vielerlei Strömungen ist das Erwachen einer neuen Gnosis.

Bei näherem Zusehen treten in den verschiedenen NEW AGE-Organisationen oftmals ähnliche *Vorstellungen von Gott und Mensch* zutage. Für sehr viele von ihnen ist Gott nicht der Vater, der personhafte, ganz andere, transzendente, wie ihn die Christen verehren, sondern eine Kraft, eine Energie, das Selbst, das höchste Bewußtsein, ein All-Sein. Der Mensch lebt nicht im Gegenüber bzw. in der glaubenden Gemeinschaft mit Gott; er ist vielmehr ein Teil des Göttlichen. »Da das Universum selber göttlich ist, wie Pantheismus und Monismus voraussetzen, ist jede Person ein Funken des kosmischen Feuers oder eine Welle im göttlichen Ozean« (Mark Albrecht, »update«, Aug. 1981, S. 4). Fatalerweise ist sich der Mensch seiner Zusammengehörigkeit mit dem Göttlichen indessen zu wenig bewußt. Im Unterschied zur Bibel wird nicht die Auflehnung des Herzens wider Gott, sondern diese Unwissenheit als des Menschen »Sünde« und als das eigentlich Böse bezeichnet.

Auch dem Anhänger einer neuen Gnosis geht es um *Erlösung*. Die Unwissenheit und der Mangel an Bewußtheit sind zu überwinden. Der Christ findet die Erlösung (und damit die Gemeinschaft mit Gott) im glaubenden Vertrauen auf die Heilstat Jesu Christi. Die Gnosis hingegen weist den Menschen auf den Weg eines besonderen Wissens und der Bewußtseinserweiterung. Sie verläßt sich auf Einweihung und psychologische Techniken. Mit ihrer Hilfe soll das Zusammengehören mit dem göttlichen Bewußtsein erfahrbar gemacht werden.

Die NEW AGE-Vereinigung und -Institutionen deuten das Leben des Menschen im Lichte der *Karma- und Seelenwanderungslehre.* Der menschliche Entwicklungsweg erstreckt sich danach über viele Leben. Nicht das vertrauende Glauben ist dabei von entscheidender Bedeutung, sondern die Erkenntnis, die »geistliche Wissenschaft«, die »kosmische

Wissenschaft«, die spirituelle Psychosynthese«, die »Astrosophie«, die »ursprüngliche Erkenntnis und wie die Angebote alle heißen. Sie werden als Wege zum Heil und oft auch zum Erfolg angepriesen. Sie alle bemühen sich um das Bewußtsein und um die Ausweitung des Bewußtseins mit dem Ziel des unmittelbaren Kontakts mit der göttlichen Energie und mit dem Göttlichen an sich. In der NEW AGE-Bewegung verwandelt sich die *Verantwortung des Christen vor Gott,* dem Schöpfer und Erhalter, in das Streben nach mystischem Einklang mit der Natur. Was das Neue Testament von Jesus Christus bezeugt, erscheint, wenn überhaupt, in der NEW AGE-Umdeutung etwa als Rede vom »kosmischen Christus«. Das Heil des Menschen wird nicht mehr so sehr im Sinne der Bibel als Gnade empfunden, sondern als Leistung und Werk des Menschen ausgegeben.

Gnosis und christlicher Glaube sehen einander manchmal auf den ersten Blick sehr ähnlich. Beide folgen jedoch ganz *unterschiedlichen Grundprinzipien.* Der christliche Glaube hält an seiner geschichtlichen Herkunft fest, er rechnet mit grundlegenden, formulierten Glaubenswahrheiten und vertraut auf die Heilsvermittlung durch Jesus Christus. Die Gnosis lehnt alle drei Grundlagen ab: Sie ist zeitlos (ewig), baut letztlich vor allem auf die subjektive Erfahrung und sucht das Heil durch eigene Entwicklung zu gewinnen. Die Unterschiede sind [. . .] so tief, »daß das Christentum seine Eigenart verlieren würde, nähme es diese gnostischen Grundsätze in sich auf« (R. Bergeron in »Concilium«, Jan. 1983, S. 80).

Quelle: Eggenberger, O.: Die Kirchen, Sondergruppen und religiösen Vereinigungen, 4. Aufl., Zürich, 1986, S. 269–270

1.2. Esoterisches Christentum – Christentum als Mysterienreligion

Esoterisches Christentum lehrt Erlösung (im Sinne des hinduistischen moksha, der Befreiung aus dem Kreislauf der Wiedergeburten) durch die »Nachfolgerschaft Christi«. Hier steht das *Leben,* der Weg Christi im Mittelpunkt, während für das Exoterische Christentum der Tod Christi die zentrale Bedeutung hat. Für unsere Sünden habe das »Opferlamm Gottes« sich hingegeben, quasi unser Karma auf sich genommen, und nur durch den Glauben an seine Gottsohnschaft und himmlische Gnade sei die Erlösung möglich.

Die erste Erkenntnis scheint von Jesus, dem Christus, selbst gelehrt worden zu sein, wenn er sagte: »Komm, folge mir nach« oder »Ich bin der Weg.« Zur ersten Erkenntnis kamen die großen Mystiker des Mittelalters auch, wie Angelus Silesius:

»Und sei Christus tausendmal zu Bethlehem geboren, und nicht in dir, so bleibst du doch verloren.«

[...]

Die zweite, exoterische Doktrin finden wir zuerst in den Paulus-Briefen:

>»Durch keine eigenen guten Werke und durch keinen noch so guten Wandel kann der Mensch gerechtfertigt, erlöst, mit Gott versöhnt werden«,

schrieb Paulus an die Römer, sondern nur, so Gal. 2,16:

>»durch den Glauben an Jesus Christus.«

Zweifellos entstammt dieses Konzept den Missionierungsbestrebungen des Apostels. Mystische Pfade, die die Selbsterlösung des Adepten zum Ziel hatten, gab es en masse in der griechisch-römischen Welt. Was der neuen Lehre Reiz verleihen sollte, war ihre Exklusivität, und wahrscheinlich wurden gewisse Evangelienstellen (»Niemand kommt zum Vater denn durch mich«) in diesem Sinne ausformuliert. Zum zweiten galt es, die christliche Lehre der »Zielgruppe« anzupassen, die Paulus anpeilte. Sklaven und Angehörige der Unterschicht fühlten sich von der Lehre von Mitleid und Nächstenliebe angezogen, und für sie war ein mystisch-esoterischer Pfad gewiß zu anspruchsvoll. [...] So wurde das frühe römische Christentum eine Sklavenreligion, die lehrte, daß jene, die in diesem Leben erniedrigt, gedemütigt oder gar getötet würden, im Jenseits zur »Rechten des Vaters« säßen. [...]

Innerhalb der Zwölf wählte Jesus dann noch einmal je drei seiner Jünger aus, um seine esoterischen und seine exoterischen Lehren zu verkünden. Die Trias, auf der er seine Kirche aufbaute, bestand aus seinem Bruder Jakobus, später Bischof von Jerusalem, Johannes, »den er liebte«, und Petrus, »dem Fels«, ein Titel, den die orientalischen Mystiker dem Hierophanten zubilligten, wie Madame Blavatsky [...] nachwies. Seine geheimen Lehren aber offenbarte er Philippus, Matthäus und Thomas, der in den geheimen Schriften des frühen Christentums als Christi Zwillingsbruder bezeichnet wird.

Diese drei Jünger sind dann auch die ursprünglichen Evangelisten, denn sie erhielten von Jesus direkt die Weisung, seine geheimen Lehren aufzuzeichnen. [...] Sie begründeten die Lehre der *Gnosis* [...] die auf der Grundlage des alten Mysterienwissens die Weisheitslehre des Christus erforschte.

[...]

Nach dem Konzil von Nicäa nun hatte sich die Amtskirche entschlossen, eine a-gnostischen Kurs einzuschlagen (im Sinne von A-Gnosis = ohne Wissen!), dementsprechend wurden gnostische

Lehrer (im weiteren Sinne) und Evangelien mit esoterischen Lehren verbannt.

Kein Wunder freilich, schildern sie uns doch ein ganz anderes Bild von Jesus als die Kanoniker. Einmal steht der geistige Christus im Mittelpunkt, das Christusprinzip, das sich mit der Taufe im Jordan offenbart hat. [...] Aufschlag über das Privatleben Jesu gibt uns das »Evangelium der Maria«, das 1945 im ägyptischen Nag Hammadi gefunden wurde. Hier wird deutlich, daß Maria Magdalena tatsächlich die Lebensgefährtin Jesu war und die Rolle spielte, die der »weibliche Gegenpol« bei allen großen Meistern spielte.

Wie Rama seine Sita und Krishna seine Radha hatte, Ramakrishna seine Sarada Devi und Sri Aurobindo die Mutter, so stand die Rede, daß Jesus Maria Magdalena häufig auf den Mund küßte, worüber sich die Jünger eifersüchtig beklagten.

[...]

Für die Annahme, daß Thomas in der Tat der leibliche Zwillingsbruder des Herrn war, spricht ein zweites, schon länger bekanntes »Thomasevangelium«, das von den Wundern handelt, die der kleine Jesusknabe in seiner Kindheit bewirkte. [...]

Wie ich schon andeutete, ist es kein Zufall, daß das Thomas-Evangelium zu Beginn des Wassermannzeitalters wiederentdeckt wurde. Während es im Frühchristentum nur von Eingeweihten gelesen wurde und verstanden werden konnte, ist es jetzt in der Zeit, das neue, esoterische Christentum auf der Grundlage *dieser* heiligen Schrift aufzubauen.

[...]

Dies alles müssen wir verstehen und beachten, wenn wir die wahre Nachfolgeschaft Christi suchen. Und wenn ich auch überzeugt bin, daß Jesus, der Christus, eine historische Persönlichkeit war, so plädiere ich doch dafür, sein Leben als eine Allegorie, als Ausdruck seines Weges zu betrachten. Und tatsächlich ist es die Botschaft seines Lebens, die uns »erlösen« kann, und nicht – wie von der Kirche gelehrt – sein »Tod« am Kreuz, der in dieser Form nie stattgefunden hat. [...]

Dieses Mysterium zu erkennen lehrt uns Jesus, wenn er uns zuruft: »Komm, folge mir nach – ich bin der Weg, die Wahrheit und das Leben!«

Quelle: Hesemann, M.: »Komm, folge mir nach«, in: Magazin 2000, Göttingen, Dezember 1986/Januar 1987, S. 36ff.

1.3. NEW AGE-Gedankengut in der Kirche

Aus dem Kursprogramm Juli–Dezember 1986 der Begnungsstätte LUCELLE (ein katholisch orientiertes Institut) in Basel:

Unser Konzept
Lucelle, Lucis cella, Zelle des Lichts, 1124 als Zisterzienserkloster von Bernhard von Claircaux gegründet, im Verlauf der Französischen Revolution und der nachfolgenden Säkularisierung aufgehoben und als Steinbruch abgetragen, soll zu neuem Leben erwachen.

Lucelle soll zu einer Begegnungsstätte werden für Menschen, die auf der Suche sind:
* auf der Suche nach sich selbst und ihrem tieferen Wesenskern;
* auf der Suche nach Sinn für ihr Leben;
* auf der Suche nach Möglichkeiten, wie sie ihre Vergangenheit fruchtbar machen und sich mit ihr aussöhnen können;
* auf der Suche nach einem Weg, wie sie ihr Leiden an Unvollkommenheit und Grenzen zu einer Kraftquelle umgestalten können.

Lucelle soll zu einem Ort werden, an dem ein neues Bewußtsein entstehen und ausstrahlen kann:
* das Bewußtsein, das die ganze Welt ein vernetztes System und gleichsam ein Organismus ist, der leidet, solange seine Glieder leiden;
* das Bewußtscin, daß nur derjenige, der selber heil und ganz zu werden bereit ist, einen wirklichen Beitrag zum Heilwerden der Welt leistet;
* daß Bewußtsein, daß wir an jenem Wendepunkt angelangt sind, an dem alle Menschen guten Willens zusammenarbeiten müssen, damit wir die tiefgreifende ökologische Krise und die Bedrohung des Weltfriedens überwinden können.

Lucelle soll zu einem Ort werden, dessen Ziel die ganzheitliche Heilung, die Einheit von Heil und Heilung ist.

Diesem Ziel soll die Integration verschiedener Methoden und Wege dienen:
* Spirituelle Angebote, die zur Erfahrung der göttlichen Wirklichkeit in uns führen und deren heilende Potentiale wecken sollen;
* Religiös-kontemplative Methoden, die zur persönlichen Gottes- und Christusbegegnung hinführen wollen;
* Selbsterfahrungsbetonte Angebote, die zur bewußteren Gestaltung

von Beziehungen und zu größerer menschlicher Nähe befähigen sollen;
[...]

Trägerschaft
Die Arbeit in Lucelle wird konzipiert, getragen und verantwortet vom St.-Katharina-Werk, Basel.

Das St.-Katharina-Werk ist ein katholisches Säkularinstitut (Weltgemeinschaft).

Aus dem Kursangebot:

Erziehung zur »NEUEN ZEIT«
Die Menschheit befindet sich an einem Wendepunkt. Ein durchgreifender Wandlungsprozeß muß stattfinden, wenn wir die drängenden Probleme meistern wollen. Wir fragen nach Orientierungsmöglichkeiten und Haltungen, die uns in unserem erzieherischen Alltag eine Hilfe sein können. [...]

NEW AGE und Christentum
Workshop. Was heißt »NEW AGE«? Wie können wir dieses Phänomen aus christlicher Sicht deuten? Welche Aufgabe haben die Christen in dieser Zeit?

Leitung: Br. David Steindl-Rast, Benediktinermönch, Mount Saviour, USA, bekannt durch sein Engagement in der NEW AGE-Bewegung um seinen Einsatz für den Frieden. [...]

Tagung zur zentralen Stellung Christi im Kosmos
Die Welt erscheint im neuen wissenschaftlichen Weltbild unserer Tage immer mehr als Organismus. Aufgabe der Kirche wäre es, diesen als den wachsenden mystischen Leib Christi zu verkünden. Kosmos und Menschheit als Organismus – Herz Jesu, Christus, Mitte des Kosmos – Selbstentfaltung als Dienst an der Menschheit, Dienst an der Menschheit als Selbstentfaltung. [...]

Sich uf mache – sich uf de wäg mache
Hingabe und Loslassen und Vertrauen ist nötig, um offen und empfänglich für das Leben zu sein. Selbstwahrnehmungs- und Bewegungsübungen sollen uns dabei helfen, unser Herz zu öffnen und die Kraft

fließen zu lassen. Therapeutische Selbsterfahrung. Beginn mit Fasten-Schweigetag. [...]

Menschwerdung

»Wir Christus tausendmal zu Bethlehem geborn / und nicht in dir, du bleibst noch ewiglich verlorn.« Angelus Silesius. Selbsterfahrungsbetonte Bibelarbeit.

> Quelle: Kursprogramm der Begegnungsstätte Lucelle, Juli–Dezember 1986, St.-Katharina-Werk, Abt. Bildungswesen, Holeestr. 123, CH-4015 Basel

1.4. Past-Life-Experiences und Reinkarnation

Im Mittelalter beispielsweise lebte ich als Frau, die heilend tätig war. Von der Inquisition wurde ich verfolgt und verbrannt. Dieses Erlebnis, den Schock, den Schmerz, die Angst, all das vergaß ich, aber unbewußt sorgt die Angst noch heute dafür, daß ich mich – und das gelang mir selbst in der Großstadt Berlin – in einem »Hexenhäuschen« im Wald verstecke und meine Kraft verberge. Natürlich ist das »Hexenhäuschen« ein Einfamilienhaus des 20. Jahrhunderts, und ich liebe es, im Grünen zu wohnen – aber das Muster stimmt immer noch. Außerdem litt ich den ganzen vorigen Sommer unter einem seltsamen, immer wiederkehrenden Symptom: Immer wieder verzerrte sich mein rechtes Knie, so daß ich mich nur humpelnd bewegen konnte. Alle lachten über mich. Die »Hexe« wurde augenfällig. In dieser Stufe meiner Heilungsarbeit im 20. Jahrhundert behinderte mich eine Angst aus dem Mittelalter, als die katholische Kirche die Inquisition erfunden hatte, um alle möglichen alten religiösen Heilmethoden auszurotten. Mit religiösen Heilmethoden meine ich solche, die nach innen, zum eigenen Selbst, führten. Eine Kirche, die den äußeren Gott proklamiert, mußte sich durch solche Methoden gefährdet sehen, und so erschuf sie das Etikett »Hexerei« und das Unrecht, Leute, die so arbeiteten, zu vernichten. Mein Knie sorgte also immer wieder dafür, daß mehr und mehr von dieser Vergangenheit in mein Bewußtsein aufsteigen konnte. Es wirkte wie eine Alarmanlage, die mich weckte, alles in meinem Bewußtsein nach Zusammenhängen zu beobachten und zu durchforschen. [...] Sobald der richtige Zusammenhang in mein Bewußtsein gedrungen war, verschwand die Behinderung in meinem Knie in Sekundenschnelle.

Je weiter ich in diesem Prozeß vorankam, um so häufiger trat das Symptom auf, am Schluß zwei- bis dreimal pro Woche. Einmal wollte es gar nicht wieder verschwinden. [...]

Genau zur rechten Zeit bot Jabrane Sebnat in Berlin seine Gruppe »Feuertanz« an. Jetzt war der Moment gekommen, ich machte mit. Nach zwei Tagen Bewußtseinserweiterung und Meditation konnte ich über glühende Kohlen gehen, ganz real und fast ohne mich zu verbrennen. Das wichtigste Geschehnis war aber fast, daß ich in einer Meditation meine Verbrennung als Heilerin im Mittelalter erlebte. Ein unglaubliches Erlebnis, denn erstens tat es gar nicht weh! Mein Wesen, meine Essenz, meine Seele verließ einfach den Körper und beobachtete die Szene von außen. Ich hörte das Feuer knistern und prasseln, die Hitze war da, aber ich empfand keinen Schmerz, und vor allem zerstörten Feuer und Hitze mich nicht. Und zweitens wußte ich plötzlich blitzartig, daß ich diesen Tod »selbst« verursacht hatte.

Ich war damals in meiner spirituellen Entwicklung so weit gekommen, daß ich irgendwie wußte: Ich muß verbrennen, um frei zu sein. [...] Damals ahnte ich nicht, daß ich als Ganzes viel mehr bin als mein Ego und als meine jeweilige materielle Form.

Mit dieser Geschichte erzähle ich ein sehr extremes Beispiel dafür, wie die Vergangenheit in die Gegenwart reicht. In Wirklichkeit sind die Muster viel komplexer und alltäglicher. Wie mit Millionen Fäden reicht die Vergangenheit in fast jede unserer alltäglichen Handlungen. Wir verhalten uns, ohne es zu ahnen, wie Roboter, die immer wieder dieselben Handlungen nach demselben Programm ausführen.

Quelle: Wex, Jovana: »Hexenhäuschen« – Past-Life-Experiences, in: Magazin 2000, Göttingen, Oktober 1986, S. 40

2. Wissenschaft und Medizin

2.1. Integration von östlichem Denken und westlicher Technologie

Die Hochzeit von Osten und Westen

Soll das Erreichen eines höheren Bewußtseinszustandes nicht bloß auf wenige beschränkt bleiben, wird die Gesellschaft Techniken oder Verfahren entwickeln müssen, die einfach zu praktizieren sind, sich in dem Alltag der meisten Menschen einfügen, sich leicht verbreiten lassen und den nötigen inneren Wandel einigermaßen schnell bewirken. Die meisten heute zur Verfügung stehenden Techniken scheinen diesen Idealen zwar noch nicht zu entsprechen, aber es steht zu erwarten, daß uns die Wissenschaften – insbesondere die Psychologie – helfen werden, sie zu erreichen. So wie Mikroskope, Computer, elektronische Geräte und zahlreiche experimentelle und analytische Techniken zu immer größerem Verständnis der Außenwelt geführt haben, so führen jetzt Wissenschaft und Technologie zu immer größerem Verständnis auch der Innenwelt. Zum Beispiel helfen Elektronenmikroskope den Neurophysiologen bei Untersuchungen, wie die einzelnen Gehirnzellen arbeiten und kommunizieren. Fortschritte in Computer-Analyse und Elektronik ermöglichen ein besseres Erkennen der äußerst komplexen Muster elektrischer Aktivität, die durch die Interaktion der Milliarden Gehirnzellen entstehen, sowie der Wechselbeziehung zwischen den verschiedenen Gehirnregionen bei unterschiedlichen Bewußtseinszuständen. [...] Andere Disziplinen untersuchen, wie verschiedene Bewußtseinszustände auch zu verschiedenen Wahrnehmungen der Umwelt führen und welche inneren und äußeren Faktoren Bewußtseinsveränderungen auslösen können.

Wenn wir beginnen, diese ständig größer werdenden wissenschaftlichen Erkenntnisse über Gehirn und Bewußtsein mit dem Wissen und den Techniken von Mystikern und spirituellen Lehrern zu verbinden, werden wir besser erkennen können, wie die Techniken arbeiten und wie sie sich verbessern und weiterentwickeln lassen. Diese Hochzeit von Osten und Westen wird zur Geburt einer neuen Disziplin führen, die ich »Bewußtseinstechnologie« nennen möchte. Über die bloße Erforschung von Geist und Psyche hinaus wird sie sich mit der Anwendung von Techniken zur Verbesserung geistigen Funktionierens sowie zur Erhöhung der Erfahrungsqualität und der Bewußtseinsebene befassen. [...]

Möglicherweise läßt sich die spirituelle Entwicklung auch durch biochemische Mittel beschleunigen. Viele primitive Kulturen haben Extrakte aus verschiedenen Kräutern, Kakteen, Pilzen und anderen Pflanzen benutzt, um andere Bewußtseinszustände herbeizuführen, und seit den fünfziger Jahren experimentieren immer mehr Westler damit herum. [...]

Neben der Entwicklung wirksamer Techniken der Erleuchtung gibt es in der westlichen Technologie einen weiteren sehr wichtigen Fortschritt, der bei der Förderung innerer Transformation von enormem Wert sein wird: die Kommunikations-Revolution.

Mag es früher auch noch so viele Lehrer und Praktiken der Selbst-Erkenntnis gegeben haben, direkt Einwirkung hatten sie stets nur auf Menschen in ihrer unmittelbaren Umgebung. Christus teilte seine Botschaft jenen mit, die in seiner Gegend des Nahen Ostens lebten, und ebenso tat es Buddha in Nordindien, doch ohne die Technologie der

Massenkommunikation mußten das Wissen und die Praktiken von Person zu Person weitergegeben werden. Das führte unweigerlich zu Verdrehungen und Effizienzverlust. Das ist einer der Gründe, warum es bis jetzt noch niemandem gelungen ist, die gesamte Menschheit oder auch nur einen Großteil von ihr zu erleuchten.

Heute jedoch haben wir eine Vielfalt von Kommunikationsmitteln, die sich einsetzen lassen, Information weltweit zugänglich zu machen. [...] Mittels dieser Entwicklungen ist es zum ersten Mal in der Geschichte des Planeten möglich geworden, die Methoden zur Erlangung von Selbst-Erkenntnis auf direktem Wege und in unverfälschter Form zu verarbeiten. Und merkwürdigerweise hat sich das gerade zu dieser Zeit ergeben, da die Menschheit den Wechsel zu einer höheren Bewußtseinsform so dringend nötig hat. Aber ist das denn merkwürdig? Vielleicht hat die Technologie letztlich den Zweck, diesen Wechsel zu ermöglichen.

Quelle: Russell, Peter: Die erwachende Erde – unser nächster Evolutionssprung, München, 1984, S. 182ff.

2.2. Bandbreite der NEW AGE-Bewegung

Die NEW AGE-Bewegung erstreckt sich über breitgefächerte Interessengebiete. So gibt es die ökologisch orientierten Gruppen, die für den Schutz gefährdeter Arten, biologisch-organischen Anbau, Verzicht auf übermäßigen Konsum, für alternative Technologie, freiwillige Beschränkung, Energie und Ressourcen-Erhaltung, nukleare Abrüstung und für andere Wege eintreten, die uns zu einem Leben im Einklang mit dem Planeten bringen können.

Dann finden sich die Leute und Techniken, die eine Verbesserung der Gesundheit und des physiologischen Wohlbefindens des einzelnen zu erreichen suchen durch Jogging, inneren Sport, Alexander-Technik, Feldenkrais-Methode, Bio-Energetik, autogenes Training, Ganzheitsmedizin, Akupunktur, Gesundbeten, Massage, Shiatsu, Rolfing, Augendiagnostik, Naturheilkunde, Homöopathie, Chiropraktik, Reformkost, Biokost und dergleichen mehr.

Für die Verbesserung der seelischen Gesundheit und des innerlichen Wohlbefindens gibt es ebenfalls zahlreiche Methoden wie Hypnotherapie, Traumtherapie, Logotherapie, Realitätstherapie, Reichsche Therapie, Gestalttherapie, Primärtherapie, Sextherapie und Programme wie Rebirthing, Biofeedback, Sensitivity Training, Encounter Groups, Psychosynthese, Psychodrama, Neurolinguistik, Actualisations, EST und

Arica. Es gibt Meditationstechniken verschiedenster Art, die sich aus nahezu allen spirituellen Traditionen herleiten, und außerdem diverse anderen Praktiken wie Tai Chi, Aikido, Tantra und Yoga.

Hinzu kommen Gruppen, die interessiert sind an der Entwicklung paranormaler Fähigkeiten wie Aura-Deutung, Telepathie und Erfahrung postmortalen Lebens. Ferner jene, die sich mit verschiedenen Formen der Voraussage von Ereignissen beschäftigen wie Astrologie, Tarot, Geomantie und Radiästhesie.

Und es sind auch noch jene Bewegungen dazuzurechnen, die für Gesundheitserziehung, Feminismus, natürlich Geburt und andere Methoden eintreten, die den Menschen ermöglichen, ihr volles Potential zu entfalten.

Quelle: Russell, Peter: Die erwachende Erde – unser nächster Evolutionssprung, München, 1984, S. 187 und 188

2.3. Die Medizin des »Neuen Zeitalters« – eine spirituelle Angelegenheit

2.3.1. Heilsein und Heiligsein

Von einer hochsynergistischen Gesellschaft [einer transformierten Gesellschaft im Sinne des NEW AGE, Anm. d. Verf.] dürfen wir auch erwarten, daß sie gesund ist; Synergie und Gesundheit gehören ja, wie wir gesehen haben, eng zusammen. Unter Gesundsein verstehen wir heute gemeinhin einen Zustand ohne jegliche Symptome von Krankheit oder Gebrechen. [...] Wirkliches Gesundsein heißt aber weit mehr. Ein altes Synonym für »gesund« ist »heil«. Dieses Wort geht auf griechisch »holos« zurück, das die Grundbedeutung »ganz« hat; auch »heilig« leitet sich davon her. Ein gesunder oder heiler Mensch muß also ganz sein – ein in sich geschlossenes Ganzes bilden, körperlich, geistig und seelisch. Die ursprüngliche Bedeutung von »heilen« ist deshalb: zur Ganzheit, zur Vollständigkeit bringen; und ein Geheilter ist ein Heiliger; er hat die spirituelle Reife erreicht, ist erleuchtet.

In einer spirituell transformierten Gesellschaft wird sich dieser Zusammenhang zwischen Synergie und größerer Gesundheit auf vielerlei Weise zeigen. [...]

Quelle: Russell, Peter: Die erwachende Erde – unser nächster Evolutionssprung, München, 1984, S. 225 ff.

2.3.2. Geistheilen – Energietransfer

Auszüge aus einem Interview mit einer »Geistheilerin«, die bei philippinischen Heilern die Technik der »Geistheilung« erlernt hat. Nach ihrer spirituellen Transformation hat sie ihren bürgerlichen Namen abgelegt und nennt sich nun Mahendra Mahadevi Hairakhandi.

Sphinx-Magazin: Wie kamst du in Kontakt zur Welt der phillipinischen Heilerinnen?

Mahendra: Zu jener Zeit lebte ich auf sehr »irdischem« Niveau, war Mannquin, hatte viele Affären, war zu Hause in einer geschniegelten Welt – war gefangen in einer niederen Energieebene – wußte aber, daß etwas im Kosmos am Brodeln war. Mein damaliger Lebenspartner wurde krank, und auf Empfehlung von Freunden suchten wir die Heilerin Josephine auf.

Sphinx-Magazin: Hattet Ihr eine Adresse?

Mahendra: Ja, die ihrer Kapelle. Sie lebt mit ihrer ganzen Familie in einem sehr einfachen Haus, mit zwei Kindern und ihrem Ehemann, der Polizist ist. Er war ihr 19 Jahre lang gefolgt, bis sie überzeugt war, in ihm eine Botschaft des Heiligen Geistes zu sehen, und beschloß, ihn zu heiraten.

Sphinx-Magazin: Wie verlief eure erste Begegnung?

Mahendra: Nach einer langen, langen staubigen Straße kamen wir zu diesem Haus. Wir traten in einen sehr kleinen Raum ein. Darin waren Fahnen, ein Eimer Wasser und ein einfacher Holztisch. Darauf lag ein Japaner, den Josephine eben heilte. Wir wurden gebeten zu warten. Beim nochmaligen Hinblicken sah ich, wie Josephine Eingeweide dieses Japaners herausnahm – und ich begann zu schwitzen. Aus Angst vor einer Ohnmacht mußte ich hinaus an die frische Luft. [...]

Nach einer halben Stunde rief mich eine Stimme zurück in die Kapelle. Es war Joesphine, sie sagte: »Komm zu mir!« Ich entgegnete, daß mir nichts fehle. Sie wiederholte ihre Aufforderung, und ich antwortete halb in Panik: »Ich bin nicht krank, mein Freund hier ist krank, ich kam nur seinetwegen hierher.« – »Nein, der kam hierher, weil du kommen mußtest. Er ist das Instrument, dich hierherzubringen.«

Während ich noch über diese karmischen Verwicklungen nachdachte, schaute sie mir in die Augen, und da floß so viel Liebe, als träfe ich eine kosmische Schwester. Sie durchdrang mein gedankliches Bewußtsein. »Du mußt für drei Monate hierbleiben.« Das erschien in jenem Moment unmöglich, und doch geschah es so – obwohl Josephine nur selten Schüler aufnimmt. Später erst habe ich begriffen, daß dieser erste Tag schon der Anfang meiner Ausbildung war.

Sphinx-Magazin: Wie sah diese Ausbildung aus?

Mahendra: Eigentlich bemerkte ich sie gar nicht. Es gab Bibellektüre, Versammlungen mit automatischem Schreiben und anderes. Das Wichtigste aber waren die Kontakte mit Joesphine: Ich lernte die Kraft ihrer Aura. Sie war der erste Mensch, bei dem ich fühlte, daß ihre Seele aus ihrem Körper hinausvibrierte. [...]

Die ersten Wochen habe ich einfach Josephines Tag mitgelebt. Wir sind immer morgens um fünf Uhr aufgestanden, haben meditiert und einen Gottesdienst gemacht, und dann gab es den ganzen Tag Heilungen. In einer kurzen Mittagspause haben wir auf dem Altar geschlafen, um selbst neue Kraft für diese Aufgabe zu schöpfen. In dieser Zeit gab mir Josephine verschiedene Bibelpassagen zu lesen, mit denen ich aber nicht viel anfangen konnte. Und weil mir auch Standard-Gebete nicht halfen, mit dieser spezifischen Energie, die Josephine ausstrahlte, in Verbindung zu kommen, begann ich selbst, meine Gebete an Jesus zu erfinden. Durch diese einschneidende Erfahrung habe ich erlebt, wie ich mehr und mehr zu einem reinen Gefäß für diese goldene Energie wurde, die sich dehnte bis in meine Hände, mich übernahm, bis kein Bewußtsein meiner selbst übrig war, nur fließende Reinheit. Wenn ich in die philippinischen Kapellen ging und an der Reihe war zu sprechen, kam diese Energie über mich. Ich konnte nicht dagegen kämpfen – im Gegenteil, ich überließ mich ihr ganz und gar, und in dieser Zeit geschahen seltsame Dinge. Alte Leute standen auf und bezeugten, die Aura um meinen Körper in allen Farben des Regenbogens zu sehen.

Sphinx-Magazin: Hast du von Josephine eine Initiation bekommen?

Mahendra: Ja, eines Tages sagte sie mir, daß ich am nächsten Tag meine Einweihung erhalten würde. [...] Am Einweihungstag rief sie mich vor 500 Leuten zum Altar und berührte meine beiden Schultern. Sie nahm mich auf den Orden höherer Priesterschaft, wie einen Ritter Gottes sozusagen. Während sie dies tat, spürte ich gelbes Glühen in der rechten und oranges in der linken Schulter, und dann nahm sie meine Hand und formte einen Kreis aus Feuer, obwohl ich nichts in der Hand hielt – einfach konzentriert subtile Energie.

Noch bevor ich zu den versammelten Menschen sprechen mußte, hörte ich plötzlich eine Stimme in mir sagen: »Du brauchst die Bibel nicht – laß mich durch dich sprechen: »Diese selbe Stimme hatte ich schon mal mit 16

Jahren vernommen, als ich nach einem Überfall vorübergehend klinisch tot war. Von diesem Moment an konnte ich nur noch atmen, kaum selber hören, was ich sprach; ich war vollkommen offen, diese Energie durch mich hindurchfließen zu lassen.

[...]

Sphinx-Magazin: Als was hast du diese Form von heilender Energie erlebt?

Mahendra: Wenn du fragst, wer eine solche Heilkraft haben kann, dann muß ich antworten: Alle. Es hängt von der Konzentration ab, mit der meditiert wird. Durch Meditation können alle Ebenen, vom automatischen Schreiben bis zum Heilen, erreicht werden. Wir erreichen immer das Meditierte.

Es ging darum, meine Visionen von kosmischem Gesetz, kosmischem Glück und kosmischer Liebe/Freundschaft zu materialisieren, in eine Form zu bringen, in der ich sie anderen Menschen weitergeben konnte. Unsere Kämpfe, Häßlichkeiten, Ärger blockieren das Fließen dieser Energie, manipulieren das Bewußtsein des Menschen. Aber wir selbst sind in der Lage, diese Manipulation zu ändern. [...] Wir gestatten der größeren Energie nicht, Teil unseres Lebens zu sein. In unseren Konzepten löschen wir unser göttliches Bewußtsein aus. Und was wir denken, wird nun einmal wahr. Wenn du dein Denken änderst, mehr in Harmonie kommst mit deinem spirituellen Selbst, kommt langsam große Stärke in deinen Körper, Stärke die Freundschaft ist und Wahrheit und Einfachheit.

Sphinx-Magazin: Wie entstehen denn Krankheiten, welches ist ihre Funktion?

Mahendra: Viele Gedanken, Produkte unseres konditionierten Geistes, arbeiten gegen uns. Was gegen uns arbeitet, bleibt festgehalten im Gedächtnis des Körpers und des Geistes, wird zur Krankheit. *Wir leben glücklicherweise in einer Zeit, wo Erleuchtung zu einer persönlichen Erfahrung werden kann.* Eine enge Verbindung zum wahren Selbst wirkt heilend.

[...]

Sphinx-Magazin: Werden eigentlich alle Menschen geheilt, die zu den Heilern kommen?

Mahendra: Nein, denn karmische Gesetze verlangen manchmal, daß Leiden erlebt und überwunden werden müssen. Das kann einem niemand abnehmen. Linderung der Schmerzen allerdings ist fast immer möglich.

[...]

Sphinx-Magazin: Wie steht es mit der Verbindung des Geistheilens mit der religiösen Ebene?

Mahendra: Die offizielle Kirche der Philippinen ist die katholische. Aber es gibt daneben natürlich viele buddhistische Elemente und traditionelle Gedanken an die Geister des Wassers, der Erde, des Feuers und der Luft. Die philippinischen Heiler sind natürlich von all diesen Gedankenrichtungen beeinflußt. Josephine selbst nennt ihre Arbeit *La Esperista Christiana.* Andere haben, wenn überhaupt, andere Namen dafür. Gemeinsam ist ihnen der Glaube an den »great spirit«, den »Großen Geist«, der seine heilende Kräfte den Menschen aller Rassen und Religionen zukommen läßt. [...]

Es ist an der Zeit, dieses Gesetz wieder zu entdecken: Daß nichts ohne diese kosmische Intelligenz existieren kann. Wege zu dieser Intelligenz gibt es viele. [...]

Quelle: SPHINX, Basel, Juni/Juli 1986, S. 18ff.

2.3.3. Ganzheitliche Heilung aus astrologischer Sicht

[...]

Bevor wir die Hintergründe des Heil-Seins und der dazu führenden Heilung – die ein innerer geistiger Prozeß ist – etwas genauer betrachten, ist es dienlich, wenn wir zuerst auf den leider häufigeren Zustand des Nicht-Heil-Seins eingehen und seine Grundlagen aus geistiger Sicht zu beleuchten versuchen. [...]

Auffallend viele Waagegeborene haben Nierenprobleme, wobei solche Schwierigkeiten auch durch eine besondere Stellung der Venus oder durch die jeweilige Besetzung des 7. Feldes (beide entsprechen der Waage) angezeigt sein können. [...] Warum nun sind solche Entsprechungen immer wieder vorhanden?

Dafür gibt es einmal die genetische Erklärungsmöglichkeit, sie ist ein Teilaspekt, *ein* Standpunkt, um die Frage zu betrachten. Aus der Beobachtung, daß in einer Familie immer wieder Nierenprobleme auftauchen, läßt sich schließen, daß wahrscheinlich eine genetisch bedingte Organschwäche vorliegt. [...]

Gehen wir dieser Frage aus astrologischer Perspektive nach, so fällt uns auf, daß in jeder Familie immer wieder ähnliche Strukturen in den einzelnen Geburtshoroskopen auftreten. [...]

Er scheint mir ganz wesentlich, daß wir uns, zum besseren Verständnis des Begriffes *Heilung,* auch mit Reinkarnation und Wiedergeburt beschäftigen. Das ist zwar ebensowenig Voraussetzung für astrologische

Aktivität, wie es notwendig ist, etwas über Elektrizität zu wissen, um auf dem Elektrokochherd etwas Gutes zu kochen. Allerdings habe ich den Eindruck, daß jeder Mensch, der sich länger und intensiver mit Horoskopen beschäftigt, sich schlußendlich auch mit dem Thema von Schicksal und Wiedergeburt befassen wird. Das Christentum, die Religion des Westens, lehnt die Wiedergeburt ab. [...]

Nach Ansicht der meisten Religionen existiert die Seele schon vor der Geburt. Wann sie geschaffen worden ist, ob für diese Geburt oder schon lange Zeit vorher, soll uns hier nicht beschäftigen. Wir wollen nur festhalten, daß sie es ist, die sich inkarniert, also einkörpert. Sie hält sich eine Lebensspanne im Körper auf, sammelt Erfahrungen. Dabei verhält sie sich zum Teil gemäß dem kosmischen Prinzip der Liebe, zum Teil verharrt sie in egoistischem Verhalten, das dem kosmischen Prinzip nicht entspricht. Nach Ablauf der Erdenzeit verläßt sie den Körper wieder, ähnlich wie ein Schmetterling seinen Kokon. [...]

Unser gesamtes richtiges und falsches Verhalten speichern wir in Form von, wie soll ich sagen, Plus- und Minuspunkten in der Seele ab, ähnlich wie auf einem Magnet oder Videoband. [...] Die feinstoffliche Seele steht in Verbindung mit den sieben Chakren, diese werden sowohl verschiedenen Bewußtseins- und Verhaltensprinzipien wie auch verschiedenen Körperregionen und Organen zugeordnet. Wenn ich mich nun auf irgendeinem Bereich falsch verhalte, sei dies geistig, psychisch oder körperlich [...], so wird das entsprechende Chakra nicht mit der ganzen kosmischen Energie aufgeladen, die es eigentlich aufnehmen könnte, und es Energie dreht/schwingt daher langsamer/niedriger. Ist ein solches Chakra nun »unterversorgt«, so wirkt sich das letzten Endes organisch aus und kann zu Schwachstellen und kritischen Punkten im Organismus führen. Somit hat sich im Grunde jede Seele ihre Schwachstellen selber verursacht, und bei der Geburt wählt sie sich einen Körper aus, der jenes genetische Material enthält, das ihr entspricht. [...]

Je weniger kosmische Energie uns durchfließt, desto schlapper und abgespannter fühlen wir uns, desto kränker ist unser Körper. Meist versuchen wir, uns mit Zufuhr von Medikamenten, Mineralstoffen oder Vitaminen wieder ins Lot zu bringen – also in die Senkrechte, in der die Verbindung Erde-Kosmos gewährleistet ist. [...]

Vielleicht suchen wir weiter und merken, daß Naturheilmittel oder Homöopathie gesündere und nützlichere Mittel sind.

Vielleicht erkennen wir energetische Zusammenhänge und versuchen daher, unsere Störungen mit Massage, Shiatsu oder Akupunktur zu beheben. Vielleicht lassen wir uns auch bei einem Magnetiseur behandeln. [...]

118

Eine Zuführung von kosmischer Energie über einen Geistheiler oder durch einen Magnetiseur zum Beispiel kann recht nützlich und hilfreich sein, doch im Grunde genommen haben wir alle ebenfalls Anschluß an diese Kraft. Sie ist es, die in unserem Zentrum ruht, sie ist es, die jede Zelle und jedes Atom bewegt. Wir sind es, die uns von ihr abschirmen, ihren Fluß stauen oder einengen – und uns wundern, wenn wir krank werden, weil zuwenig Lebensenergie uns durchströmt. [...]

Erkenne dich selbst, bis zur letzten Konsequenz, dann bist du heil. Erkenne deine Ganzheit, deinen Wesenskern, dann hast du dich gefunden. Vergiß bei dieser Suche nicht, daß du dich nicht außen, sondern nur in dir selbst finden kannst. [...]

Quelle: Karrer, I.: Heilung – heil sein. Astrologik, in: SPHINX, Basel, Juni/Juli 1986, S. 42 ff.

2.3.4. Neue Heilmethoden: Edelsteintherapie

Der Geschäftsmann Richard Perl, 29, aus Manhattan hat ein morgendliches Ritual. Nach dem Anziehen legt er einen kleinen Kristall in seine Hosentasche, um dadurch seine Konzentration zu erhöhen und Hilfe für seine geschäftlichen Verhandlungen während des Tages zu erhalten. Andrea Cagan, 38, eine Krankengymnastin aus Los Angeles, hat eine abendliche Gewohnheit: Sie legt einen Quarzstein unter ihr Kopfkissen, um ruhig schlafen zu können.

Perl und Cagan gehören zu der wachsenden Zahl von Amerikanern – viele von ihnen sind unter 40 –, die sich in ein »Kristall-Bewußtsein« einstimmen, den pseudowissenschaftlichen Glauben, daß solche natürlichen Steine wie Quarze [...] paranormale Heilkräfte haben. Der Kristallglaube ist Teil einer nur lose verbundenen, auf beiden Seiten der Küste an Grund gewinnenden Spiritualität. Sie nennt sich »NEW AGE«-Denken und ist ein esoterisches Gemisch von Computer-Zeitalter-Jargon und alten religiösen Praktiken, die häufig Steine mit magischen Kräften ausgestattet sahen. [...]

Uralte Riten und Techno-Trend-Begriffe treffen sich im Begriff der »Programmierung«; damit versucht man, das Optimale aus dem (Kristall) Talisman herauszuholen. Eine Gebrauchsanweisung [...] dafür geht so: Zunächst den Stein »reinigen«, indem man ihn in Meerwasser wäscht (auch ein Gefäß mit Salzwasser erfüllt diesen Zweck). Dann läßt man ihn für mindestens 24 Stunden außerhalb des Hauses, so daß die Strahlen von

Sonne und Mond ihn durchdringen können. Eine schnellere, technische Methode besteht darin, einen Audiokassetten-Löschmagneten für jeweils eine halbe Minute über jeder Seite des Steines zu bewegen. Um den Stein nach der »Reinigung« zu »programmieren«, halte man ihn in beiden Händen und blase über ihn, während man sich dabei etwas wünscht. Um eine stabile Gesundheit zu erlangen, könnte man etwa sagen: »Ich will, daß diese Energie mein Immunsystem stärkt.«

Die Programmierung ist so wichtig, daß es heute regelrechte Kristall-Therapeuten gibt, die den Nicht-Eingeweihten beibringen, wie man die Kristall-Kräfte gebraucht. Brett Bravo, 54, die als eine strenge Methodistin in Texas erzogen wurde, verließ die organisierte Religion 1975, um dem »evolutionären, spirituellen Pfad des Glaubens« nach Solana Beach, Kalifornien, zu folgen, wo sie heute Seminare über Kristall-»Programmierung« veranstaltet. [...] »Die Steine heilen«, sagt Bravo, »durch die Kombination des elektromagnetischen Feldes des Menschen mit dem elektromagnetischen Feld des Steines. Das beeinflußt die Zellen des Körpers.« Sie bietet ebenfalls ein 28tägiges Ritual des »Positiven Denkens« mit Kristallen an. »Topas«, so erläutert sie, »hält man für zwei Minuten über den Solarplexus und wiederholt mehrfach: »Dieser blaue Topas vibriert, um mein Nervensystem zu beruhigen.«

[...] Geistheiler bevorzugen Quarz, weil sie glauben, daß er die Schwingungen des Körpers harmonisiert. [...]

> Quelle: TIME (Ausgabe Europa), 1987, S. 42. Übersetzung durch den Verfasser.

3. Vereinigungen und Bewegungen im Dienste des »Neuen Paradigmas«

3.1. Gruppen, Parteien, Sekten

Der Gedanke vom Beginn eines neuen Zeitalters taucht bei vielen religiösen, esoterischen und politischen Gruppen und Vereinigungen auf. Dabei sind einzelne Vorstellungen, etwa über die Art der Transformation oder die einzuschlagenden Wege zur »Erleuchtung«, durchaus unterschiedlich. Auch bestehen in der Wertung von ökologischen oder politischen Fragen große Unterschiede. In das folgende Verzeichnis wurden solche Vereinigungen aufgenommen, die einige und/oder alle der grundlegenden NEW AGE-Gedanken in ihrer »Lehre«, explizit oder eher versteckt, vertreten. Die Auflistung gibt einen Eindruck von der möglichen Bandbreite des NEW AGE-Gedankengutes.

Kennzeichen dieser Gruppen sind häufig:

- Annahme des Beginns eines neuen, schicksalbestimmenden Zeitalters
- theosophische oder anthroposophische Elemente
- Seelenwanderungslehre und Karma-Gedanken
- Vereinigung mit dem »Göttlichen« in der Natur oder im Menschen und daraus folgende Selbsterlösung
- ökologisch geprägte Normen.

Dabei handelt es sich u. a. um folgende Gruppen und Vereinigungen:

I. Religiös-esoterische Gruppen und Vereinigungen:
1. Sufi-Gemeinschaften
2. Theosophisch und anthroposophisch geprägte Gruppen
   - Heimholungswerk Jesu Christi
   - »Urchristliche Kirche« nach Johannes Gerber
   - Liberalkatholische Kirche
   - Lucis Trust oder »Weltumfassender guter Wille«
   - Benjamin Creme-Transmission-Groups
   - Lifeway
   - Neuzeit-Kirche des Christus (New Age-Church of the Christ)
   - Christengemeinschaft
   - Rosenkreuzer (Rosenkreuzer-Gemeinschaft, Orden vom Rosenkreuz)
   - UFO-Bewegung (mehrere Gruppen)
3. Buddhistische Vereinigungen
   - Zen-Zentren und Meditationskreise
4. Hinduistische Vereinigungen
   - Sri Aurobindo-Gesellschaft
   - verschiedene spirituelle Yogaschulen, z. B. Raja Yoga Centers der Brahma Kumaris World Spiritual University
   - Hare Krishna-Bewegung
   - Divine Light Mission des Guru Maharaj Ji
   - TM (Maharishi Mahesh Yogi)
   - Bhagwan Rajneesh-Bewegung

II. Politische Vereinigungen:
   - Esoterische Union, Partei
   - »Die Grünen« (in Teilen!)

III. Psychogruppen, okkulte Gruppen:

- Edgar Cayce-Gruppen
- Uri Geller
- »Pyramidenforschung«

Quelle: Rozak, T.: Das unvollendete Tier, Reinbek, 1986; Eggenberger, O.: Die Kirchen, Sondergruppen und religiösen Vereinigungen, Zürich, 1986

3.2. Politik mit esoterischen Vorzeichen

Auszüge aus dem Grundsatzprogramm der »Esoterischen Union«, die als Partei an der Bundestagswahl 1987 teilnehmen wollte:

Die Esoterische Union – die esoterisch orientierte Partei Deutschlands informiert:

Die esoterische Union, in der esoterisch orientierte Menschen verschiedener Richtungen zusammenarbeiten, tritt für eine Politik ein, die die geistige Entwicklung der Menschen zu höherem Bewußtsein fördert, Voraussetzungen für ein besseres Volkskarma (Schicksal) schafft, eine Gesellschaftsordnung anstrebt, in der Freiheit im Geistesleben, Gleichheit im Rechtsleben und Menschlichkeit im Wirtschaftsleben verwirklicht werden, und die die Erde als Stätte der geistigen Entwicklung zu höherem Bewußtsein bewahren hilft. [...]

Die Esoterische Union tritt für eine esoterisch orientierte Politik ein, denn die Probleme der menschlichen Gesellschaft sind nur mit Hilfe der positiven Kräfte der geistigen Welt zu lösen, die um so einflußreicher werden, je mehr Menschen Verbindung mit der geistigen Welt durch die esoterische Erkenntnis erlangen.

Alle Parteien, die nicht von der Realität der geistigen Welt und ihrem Einfluß auf die einzelnen Menschen und Völker und damit auf die ganze Menschheit ausgehen, können die Probleme nicht lösen. Regieren sie den Staat, dann wird er durch den starken Einfluß der negativen Kräfte der geistigen Welt – die deshalb negativ sind, weil sie sich zur Aufgabe gemacht haben, die geistige Entwicklung der Menschen zu verhindern und sie in den Materialismus zu verstricken – früher oder später im Chaos landen.

Der Glaube an die unsichtbare geistige Welt hat bei weitem nicht die gleiche Wirkung wie das Wissen durch esoterische Erkenntnis, das notwendig ist, um die negativen Kräfte der geistigen Welt zu entmachten.

Eine Politik, die von der Realität der geistigen Welt und ihrem Einfluß ausgeht, wird von grundsätzlich anderen entscheidenden Gesichtspunkten bestimmt als eine Politik, die von der Nichtexistenz der geistigen Welt ausgeht, sie nicht zur Kenntnis nimmt oder nur von einem Glauben an sie bestimmt ist.

Zu diesen entscheidenden Gesichtspunkten zählen folgende Erkenntnisgrundsätze:

1. Der Mensch besteht aus Körper, Seele und Geist. Er lernt im Laufe seiner Inkarnationen, das Göttliche in sich zu erkennen und zu leben, bis die bewußte Wiedervereinigung mit dem Göttlichen erreicht ist.

2. Die geistige Entwicklung der Menschen zu höherem Bewußtsein ist das Entscheidende für alle Bereiche des menschlichen Lebens.

3. Durch Berücksichtigung von Karma und Reinkarnation kann eine die geistige Entwicklung fördernde Politik betrieben und können Katastrophen (z. B. Krieg) verhindert werden.

4. Liebe und Friedfertigkeit lassen positive geistige Kräfte wirken, die Frieden schaffen; Haß, Wut und Gewalt lassen hingegen negative geistige Kräfte wirken, die Streit und Krieg hervorrufen (positive bzw. negative Karma-Auswirkungen).

5. Jeder Mensch kann nur von seinem jeweiligen geistigen Entwicklungsstand aus denken, fühlen und handeln. Verständnis und Liebe allen Menschen gegenüber sollte daher etwas Selbstverständliches sein.

6. Bescheidenheit, Menschlichkeit, Hilfsbereitschaft und Kreativität sind Voraussetzungen für eine auf Dauer funktionierende Gesellschaft, in der Freiheit im Geistesleben, Gleichheit im Rechtsleben und Menschlichkeit im Wirtschaftsleben verwirklicht werden.

7. Die Erde ist eine erforderliche Stätte der geistigen Entwicklung zu höherem Bewußtsein für alle Menschen; daher muß die Erde und damit die gesamte Natur durch Achtung der Naturgesetzmäßigkeiten und durch Umweltschutz bewahrt werden.

Der Untergang der Völker kann verhindert werden, wenn genügend Menschen esoterisch mitdenken, mitfühlen und mitarbeiten.

Quelle: Grundsatzprogramm der Esoterischen Union, Stand Juni 1986, Anschrift: Esoterische Union, Postfach 630226, 4630 Bochum 6

4. Michael Ende: Fantasy als Botschaft

Aus einem *idea*-Interview mit dem Bestsellerautor Michael Ende:

Die Esoterikwelle rollt, Übersinnliches ist »in«. Dies zeigte zuletzt die 38. Internationale Buchmesse Anfang Oktober in Frankfurt/Main. Zur Zeit sind über 12000 Bücher zum Thema Astrologie, Geistheilung, Magie, Reinkarnation auf dem Markt. Kein Autor hat den gegenwärtigen Boom der Esoterik so maßgeblich beeinflußt wie Michael Ende. Seine Bücher – ob es früher »Jim Knopf und die wilde 13« waren oder heute »Momo« und die »Unendliche Geschichte« sind – begeistern eine Millionenpublikum. [...] Die »Unendliche Geschichte«, schon als »Kultbuch« gefeiert, liegt nach einer Umfrage der nordrhein-westfälischen Buchhändler hinter der Bibel auf Platz zwei der Wertschätzung der Leser, »Momo« auf Platz fünf. Ende selbst befaßte sich jahrzehntelang mit Phänomenen des Okkultismus und der Welt jenseits der normalen Wahrnehmung. [...]

Idea: Herr Ende, Sie haben sich über 30 Jahre mit der Esoterik befaßt: Kabbala, Zen-Buddhismus, Tarot-Kartensysteme, I-Ging-Orakeltechnik usw. Welche Bedeutung hat die Esoterik für Ihr Kulturkonzept, Ihr Leben?

Ende: Esoterik ist nichts anderes als konkrete Religion. Sie sucht in jeder einzelnen Erscheinung der Welt und der Natur das Geistige hinter der physischen Gestalt mit zu erfassen. Die verschiedenen Systeme, die Sie aufzählen, sind auf dieser Grundlage entstanden. Jakob Böhme (1575–1625) sagt, die ganze Welt sei ein großes Bilderbuch Gottes, das man lesen und lernen kann. Alles spricht. Alles ist wort-haft. Am Anfang war eben wirklich das Wort. Die 22 Buchstaben des hebräischen Alphabets (kabbala) oder die 22 Bilder des Tarot oder die 64 Hexagramme des I-Ging oder die 12 Tierkreiszeichen um die sieben klassischen Planeten der Astrologie sind nichts anderes als die Ur-Lettern dieses kosmischen Alphabets. Aber im Grunde sind sie nur Hilfsmittel. Wer wahrhaftig die innere Haltung des Esoterikers einnimmt, wird früher oder später ganz von selbst das Verborgene im Offenbaren entdecken.

Idea: Nun gibt es ja Verbindungen zwischen der Esoterik und dem Okkultismus, zum Teil sind diese Gebiete sogar deckungsgleich. Sie haben auch die Werke des englischen Satanisten Aleister Crowley (1875 bis 1947) studiert, der als einer der bedeutendsten Okkultisten unseres

Jahrhunderts angesehen wird. Welche Erkenntnisse hat Ihnen das Crowley-Studium gebracht?

Ende: Die Suche nach der Wirklichkeit der geistig-seelischen Welt ist das größte Abenteuer, auf das der Mensch sich einlassen kann. Es bringt unvermeidlich große Gefahren mit sich. Vielfach ist der Spott, ist dem die sogenannten Rationalisten allem Okkulten begegnen, nichts anderes als eine unbewußte Angstreaktion diesen Risiken gegenüber. Unter den esoterischen Lehrern gibt es nicht wenige, von denen derjenige, der sich von einem Über-Vater an die Hand nehmen und führen lassen will, sich besser fernhält. Crowley selbst sagt einmal von sich, wer ihn nachahmen wolle, vor dem würde sich zuletzt der Dämon Crowley aus dem Sumpf erheben und ihn schallend auslachen. Der Selbständige und Mutige kann aber auch vom Teufel selbst allerhand lernen, denn der Teufel selbst ist, wie Mephistopheles sagt, alt und weiß viel.

Idea: In einem Fernsehfilm des Bayerischen Rundfunks aus dem Jahr 1983 war zu sehen, wie Sie in ihrem Garten in der Nähe Roms höheren Wesen kleine Geschenke in die Bäume gelegt haben. Glauben Sie an eine Geisterwelt?

Ende: Es gibt keinen vernünftigen Grund anzunehmen, daß die Welt und der Kosmos sich in dem erschöpfen, was unseren Sinnen wahrnehmbar ist. Die Welt und das Weltall sind von Intelligenzen und Bewußtsein erfüllt, die größtenteils über dem des Menschen stehen, also umfassender sind, teils aber auch dem Menschen brüderlich verwandt sind oder unter ihm stehen. Es handelt sich um jene Geschöpfe, die man früher Gnome, Nixen oder Undinen, Elfen und Salamander nannte. Früher wußte man, daß man ohne deren Mithilfe weder heilen noch eine gesunde Landwirtschaft betreiben kann. Über meine eigenen Erfahrungen möchte ich hier lieber schweigen.

[. . .]

Idea: »Momo« und »Die unendliche Geschichte« haben Millionen von Lesern mit den Prinzipien der Esoterik vertraut gemacht. Zur Zeit setzen sich immer mehr Menschen mit dieser Form der Lebensbewältigung auseinander. Würden Sie sich als New Age-Botschafter bezeichnen, der mithilft, ein neues Zeitalter einzuläuten?

Ende: Das naturwissenschaftliche Zeitalter, beginnend mit Galilei und Newton, basiert auf dem Glauben, daß die uns wahrnehmbare Wirklichkeit widerspruchsfrei zu beschreiben wäre. Dieser Glaube ist endgültig dahin. Alle führenden Naturwissenschaftler wissen heute, daß eine widerspruchsfreie Beschreibung der materiellen Welt nicht möglich ist und niemals möglich sein wird. Damit ist das naturwissenschaftliche Zeitalter zu Ende. Zweifellos wird diese Tatsache zu einer ungeheuren Bewußtseinswandlung führen. Ganz andere Fragen als die des 19. und 20. Jahrhunderts werden schon in naher Zukunft in den Mittelpunkt des Interesses treten. Ich versuche in dem bescheidenen Maß, das uns Heutigen gegeben ist, an dieser kommenden Bewußtseinswandlung mitzuwirken.

Idea: Welche Bedeutung hat für Sie die Bibel mit ihrem doch sehr klar aufgezeichneten Heilsweg für die Menschen?

Ende: Zuerst einmal muß ich sagen, was die Bibel nicht ist: Sie ist nicht – wie viele Exegeten meinen – ein unvollkommenes, weil historisch nicht genügend abgesichertes Geschichtswerk. Sie ist auch nicht in erster Linie ein Lehrbuch im Sinne gewisser moralischer und religiöser Verhaltensnormen, obgleich die meisten Geistlichen der christlichen und jüdischen Religionsgemeinschaften gerade das in ihr sehen. Die Bibel ist ein Mysterienbuch, geschrieben in einer Mysteriensprache. Sie war niemals als allgemeines Volksbuch gedacht, sondern als Meditationsbuch für den Eingeweihten und seine Schüler. Wer nicht weiß, was die Namen, die Ortschaften, die Zahlenangaben, die Gottesbezeichnungen, die Tiere, die Wasserfluten etc. innerhalb der jüdischen Esoterik bedeuten, der wird die Bibel gar nicht oder falsch verstehen. Sie ist nämlich alles andere als ein naives religiöses Dokument, sie ist unausschöpfbar wie das Meer. Sie ist geschrieben für den jüdischen Kulturkreis und setzt die Kenntnis von dessen Esoterik, der Kabbala, voraus.

Idea: Wir danken Ihnen.

Quelle: Idea-Spektrum, Informationsdienst der Evangelischen Allianz e.V., Wetzlar, Nr. 42/86, S. 3–4

5. New Age-Musik

Die NEW AGE-Musik hat einerseits zum Ziel, den Hörer in einen geistigen Zustand zu versetzen, in dem er Streß und Alltagssorgen vergessen kann. Außerdem aber soll ihn diese Musik auf eine Bewußtseinsveränderung im Sinne des NEW AGE vorbereiten. Ein Auszug aus einem Prospekt für NEW AGE-Musik:

Die tibetische Riutalmusik mag für europäische Ohren abschreckend oder faszinierend wirken; das hängt von der Einstellung des Hörers ab. Eins jedoch ist unbestreitbar: Wer sich diesen ungewohnten Abläufen von Sprechgesang, Beckenschlagen und Hörnern stellt, erlebt eine tiefe Transformation.

Kernpunkt dieser Musik sind durch die Stimme erzeugte Oberschwingungen.

Auf dieser Kassette erleben Sie ein Ritual mit dem Namen »Mahakala Puja«, eines der Zeremonien des Gelupga- und Niingmapa-Ordens des tibetischen Buddhismus.

Es wird geleitet von einem Mönch, der zum engeren Kreis um den Dalai Lama gehört und dessen Stimmlehrer er in dessen Jugend in Lhasa war. Seine unglaublich tiefe und klangreiche Stimme ist auf der Aufnahme deutlich hervorgehoben. Er besitzt die Fähigkeit, die ein Mensch im Stimmausdruck des 5. und 6. Chakras erwirbt, nämlich spiralförmige Obertonreihen in großer Dichte zu erzeugen. Der Ablauf des Rituals wird gelegentlich unterbrochen durch Beckenschlagen und Hörnerblasen, um Suggestionseffekte abzubauen und die Bewußtseinsklarheit aufrechtzuerhalten. Die Mahakala Puja ist ein Ritual, die sich auf das 4., 5. und 6. Chakra bezieht. Es vermittelt Weisheit, Kraft und Herzensgüte.

Quelle: Prospekt der Akasha-Buchhandlung, Hans-Sachs-Str. 12, 8000 München 5

5.1. Kritisch:

Heil auf Holzwegen? NEW AGE – ein vermeintlich neues musikalisches Phänomen

[...]

Nun ist es wieder einmal so weit. Ein neuer Begriff geht um. NEW AGE heißt die Zauberformel, von der sich die einen Erleuchtung, die anderen steigende Umsätze versprechen. Sie wurde so lange verkündet, bis man sie erhörte. Die Folgen sind unübersehbar: In fast jedem Plattengeschäft stößt man mittlerweile auf eine Rubrik »NEW AGE«, große Tonträgerkonzerne reißen sich um den Vertrieb kleinerer Labels dieser Sparte, die Zahl der Künstler, die unter dem neuen Etikett firmieren, nimmt stetig zu, der Schallplattenumsatz ebenfalls, es gibt kaum mehr ein Gespräch über moderne Musik, in dem nicht nach kurzer Zeit die Begriffe NEW AGE oder Meditationsmusik gefallen sind.

[...] Hauptstimulans jeder Selbsterkenntnis oder Therapie im Geiste des NEW AGE ist jedoch die Musik. Auch hier fehlt es nicht an theoretischen Traktaten oder Werken, die sich in den Dienst der »neuen« Ideologie stellen lassen. Zum Wortführer macht sich Joachim Ernst Berendt mit seinem Buch »Nada Brama – die Welt ist Klang«. [...]

Was ist das nun konkret: NEW AGE-Musik? William Ackerman, Gitarrist und Gründer des 1976 [...] ins Leben gerufenen »Windham-Hill«-Labels, heute eine der wichtigsten Klangschmieden dieses Genres, erklärt: »Wir sind der Natur auf der Spur. Aus ihr schöpfen wir die Kraft, schöne Klänge entstehen zu lassen.« Schönheit, Natürlichkeit, Besinnlichkeit, Harmonie sind denn auch die immer wieder strapazierten Leitbegriffe dieser Musik-Ästhetik, sofern von einer solchen hier überhaupt gesprochen werden kann.

Im Sinne universeller Harmonie schlägt da etwa Malcolm Dalglish minimalistische Motive auf einem Hackbrett, und George Winston – der Star der Firma – intoniert sanfte Klaviermelodien, die von süßlichen Dreiklängen oder versonnenen Akkordbrechungen untermalt werden. Erlaubt ist, was gefällt, oder besser: was gefällig ist. Aber nicht nur auf akustischen Instrumenten beschwören die NEW AGE-Musiker die neue Natürlichkeit. Firmen wie das Münchner »Kuckuck«- oder das kanadische »Celestial Harmonies«-Label vertreten überwiegend Künstler, die mit aufwendigen Synthesizer-Klangtableaus in ferne Bewußtseinssphären entrücken wollen. [...]

Wirkliche Neuerungen bringt die NEW AGE-Musik nicht – selbst dann nicht, wenn sie in ihren künstlerisch ambitioniertesten Formen aus Reihen der Neuen-Musik-Szene mit minimalistischen Strukturen versetzt wird. Ihr ästhetisches Credo, ihr Streben nach Harmonie und versöhnlichem Schönklang bleibt rückwärtsgewandt. Und bei etwas eingehenderer Betrachtung drängt sich schnell die Frage auf, was an dieser Musikrichtung überhaupt neu sein soll. [...] Wird uns hier nicht etwas als Entwicklung vorgegaukelt, das schon Ende der sechziger und vor allem in den siebziger Jahren Gruppen wie Pink Floyd, Tangerine Dream, Genesis, Eloy, Entle Giant oder Mike Oldfield bei ihren psychedelischen Tonmeditationen hinlänglich – nur auf höherem Niveau – ausgereizt hatten? [...]

NEW AGE ist weniger ein Trend und doch mehr als nur eine Popmusik-Modeerscheinung. Ein versöhnlicher Fluchtpunkt, eine Oase für Zivilisationsgeschädigte, die Anspruch auf Idylle reklamieren. Nur: Signalisiert dieses musikalische [...] Rückwendung zum Leisen und Gefälligen wirklich eine Besinnung auf Innerlichkeit und Sensibilisierung?

Oder zeigt sie das Gegenteil: die Folge endgültiger Abstumpfung, die aus der Unfähigkeit zuzuhören eine Tugend macht und kurzerhand die Berieselung zur Kunst stilisiert?

Quelle: Frankfurter Allgemeine Zeitung vom 19. 12. 1986

Anmerkungen

2. NEW AGE – was ist das?

1 Lexikon der Gegenwart, Dortmund, 1984, S. 456

2 zitiert nach Ruppert, H. J.: NEW AGE, Wiesbaden, 1985, S. 139

3 Capra, F.: Wendezeit, Bern, 1981, Kapitel: »Das Systembild des Lebens«, S. 294f.; 304; 336–338

4 dtv-Atlas zur Astronomie, München, 1976

5 C. G. Jung: Aion, Freiburg, 1976

   C. G. Jung: Antwort auf Hiob, Freiburg, 1976

   C. G. Jung: Bewußtes und Unbewußtes, Frankfurt, 1957

6 zitiert nach Ruppert, H. J.: NEW AGE, Wiesbaden, 1985, S. 16

7 Alain the Astrologer, zitiert nach Ruppert, H. J.: NEW AGE, Wiesbaden, 1985, S. 108–114

8 SPHINX, Basel, Februar 1986, S. 11

9 Ferguson, M.: Die sanfte Verschwörung, Basel, 1982, S. 39, 40, 41

10 ebd., S. 48

11 ebd., S. 43. Wenn Marylin Ferguson den Begriff der »sanften Verschwörung zur Charakterisierung des »Transformations«-Modus gebraucht, so stellt sie sich damit bewußt in den geistesgeschichtlichen Zusammenhang anderer »Verschwörer« wie etwa der Freimaurer usw. Es soll an dieser Stelle betont werden, daß der Begriff der »Verschwörung« nicht von seiten der NEW AGE-Kritiker kommt, sondern ureigenstes Programm der NEW AGEr ist.

Dieser Anspruch einer »Verschwörung« hat dazu geführt, daß einige Autoren die NEW AGE-Bewegung bereits als ein wirksames Mittel zur Weltveränderung durch bestimmte Gruppen (Freimaurer usw.) sehen. Dieser Aspekt ist sicherlich interessant, soll aber hier nicht weiter vertieft werden.

12 Monod, J.: Zufall und Notwendigkeit, München, 1971. Nach Monod haben die Ethikvorstellungen des Menschen durch die Herrschaft und Erkenntnisse der Naturwissenschaft aufgehört zu existieren. Seiner Ansicht nach ist der Mensch das Produkt eines blinden, völlig planlosen Zufalles der Evolution. Aufgrund der wissenschaftlichen Erkenntnisse sei die Existenz einer transzendenten Wirklichkeit widerlegt.

Er schreibt: »Wenn er [der Mensch] diese Botschaft [der Bedeutungslosigkeit und Zufälligkeit seines Seins] in ihrer vollen Bedeutung aufnimmt, dann muß der Mensch endlich aus seinem tausendjährigen Traum erwachen und seine totale Verlassenheit, seine radikale Fremdheit erkennen. Er weiß nun, daß er seinen Platz wie ein Zigeuner am Rande des Universums hat, das für seine Musik taub ist und gleichgültig gegen seine Hoffnungen, Leiden oder Verbrechen.« (S. 211)

3. Grundlagen und Weltbild des NEW AGE

1 Hanefeld, E., in: Geisler (Hrsg.): NEW AGE – Zeugnisse der Zeitenwende, Freiburg, 1984, S. 30

2 Kroeger, F., in: NEW AGE – Zeugnisse der Zeitenwende, Freiburg, 1984, S. 65

3 Capra, F.: Wendezeit, Bern, 1981, Kapitel: Das Systembild des Lebens, S. 239 ff.

4 Geisler (Hrsg.): NEW AGE – Zeugnisse der Zeitenwende, Freiburg, 1984, S. 48

5. Trevelyan, G.: Eine Vision des Wassermannzeitalters, Freiburg, 1980, S. 113

6 Geisler (Hrsg.): NEW AGE – Zeugnisse der Zeitenwende, Freiburg, 1984, S. 48

7 ebd.

8 Cumbey, C.: The hidden dangers of the Rainbow – the NEW AGE Movement and our coming age of barbarism, Shreveport, Huntington House, 1983, S. 247

9 zitiert nach Ruppert, H. J.: NEW AGE, Wiesbaden, 1985, S. 17 f.

10 Institut für planetarische Synthese: Wissenschaft der Invokation und Evokation, Genf, o. J., S. 15

11 Cumbey, C.: The hidden dangers of the Rainbow, S. 201. C. Cumbey schreibt, daß die große Invokation in nahezu alle Sprachen der Welt übersetzt wurde und seit 1945 durch alle denkbaren Kommunikationsmittel verbreitet wird.

12 Institut für planetarische Synthese: Wissenschaft der Invokation und Evokation, Genf, o. J., S. 28

13 Besonders zu nennen sind hier die Autoren Aleister Crowley (1875–1947, Okkultist, der sich selbst »das Tier« nannte, s. SPHINX, Nr. 20 vom Frühling 1983), Madame Blavatsky (1831–1891), Begründerin der Theosophischen Gesellschaft, Alice Bailey (1880–1949), H. G. Wells (1866–1946) und D. Spangler (1945–).

14 Ferguson, M.: Die sanfte Verschwörung, Basel, 1982, S. 111

15 ebd., S. 130

16 Trevelyan, G.: Eine Vision des Wassermannzeitalters, Freiburg, 1980, S. 139 ff.

17 Ferguson, M.: Die sanfte Verschwörung, Basel, 1982, S. 444 u. 445

18 Geisler (Hrsg.): NEW AGE – Zeugnisse der Zeitenwende, Freiburg, 1984, S. 65

19 Ferguson, M.: Die sanfte Verschwörung, S. 441

20 Geisler (Hrsg.): NEW AGE – Zeugnisse der Zeitenwende, Freiburg, 1984, S. 70

21 Trevelyan, G.: Eine Vision des Wassermannzeitalters, S. 65

22 ebd., S. 66

23 ebd., S. 67

24 Kübler-Ross, E., in: Das Buch der ganzheitlichen Gesundheit, Berkeley Holistic Health Center (Hrsg.), Bern, 1982, S. 520

25 Spretnak, C.: Die GRÜNEN, München, 1985, S. 325

26 Capra, F.: Wendezeit, Bern, 1981, S. 336

27 Russell, P.: Die erwachende Erde, München, 1984, S. 37

28 Capra, F.: Vorwort in Spretnak, C., Die Grünen, München, 1985, S. 9

29 ebd., Vorwort, S. 10 u. 11

30 ebd., S. 322

31 siehe Gassmann, L.: Die Grünen – eine Alternative? Neuhausen-Stuttgart, 1985

32 Ferguson, M.: Die sanfte Verschwörung, Basel, 1982, S. 288

33 ebd., S. 288ff.

34 ebd., S. 290ff.

35 ebd., S. 309

36 Capra, F.: Wendezeit, S. 376

37 ebd., S. 381

38 ebd., S. 384

39 ebd., S. 378

40 ebd., S. 400

41 ebd., S. 416f.

42 Golas, T.: Der Erleuchtung ist es egal, wie du sie erlangst, Basel, 1981

43 Selecta, 22. 7. 1985, S. 2799

44 Capra, F.: Wendezeit, S. 340

45 Berkeley Holistic Health Center (Hrsg.): Das Buch der ganzheitlichen Gesundheit, Bern, 1982, S. 16

46 ebd., S. 16

47 ebd., Kapitel »Yoga«, S. 49

48 ebd., Kapitel »Akupunktur«, S. 53ff.

49 ebd., S. 56

50 ebd., S. 64

51 ebd., Kapitel »Homöopathie«, S. 142 u. 146

52 ebd., Kapitel »Handauflegen«, S. 271 u. 274

53 ebd., Kapitel »Irisdiagnose«, S. 234

54 ebd., Kapitel »Atmen – Gesundheit – Ganzheit«, S. 252 u. 256. Atemtherapie: Das Atmen wird als ein Integrationsinstrument in den Atem des Kosmos verstanden. Auf diese Weise will man, wie bei allen Verfahren der ganzheitlichen Medizin, die Harmonie und die Gleichschwingung mit dem göttlichen Kosmos herstellen. Die Auffassung vom Atem des Kosmos ist eine uralte, aus dem ostasiatischen Kulturraum stammende religiöse Erkenntnis (Widengren, Religionsphänomenologie, Berlin, 1969).

55 Capra, F.: Wendezeit, Bern, 1981, S. 469

56 Capra, F., im Vorwort zu: Ferguson, Die sanfte Verschwörung, Basel, 1982, S. 14

57 Capra, F.: Wendezeit, S. 470

58 Spretnak, C.: Die GRÜNEN, München, 1985, S. 339

59 Androgynität: s. Erläuterung bei 7.3. Feminismus

60 z. B. Dynamische Psychiatrie, Berliner Kongreß zur Androgynität des Menschen, 14.–18. 3. 1986.
   Aus der Kongreßankündigung:
   – Auf dem Wege zu einer androgynen und matriarchalischen Gesellschaft
   – Androgynität in Zeit und Raum
   – Sexuelle Varianten wie Transsexualität, Transvestitismus, Homosexualität usw. aus der Sicht der Dynamischen Psychiatrie.

61 Siehe 6. u. Gassmann, L.: Die GRÜNEN, Neuhausen-Stuttgart, 1985

4. Die Transformation

1 Ferguson, M.: Die sanfte Verschwörung, Basel, 1982, S. 99 ff.
2 ebd., S. 100
3 ebd., S. 249 ff.
4 NEW AGE-Institutionen und Netzwerke:

I. Institutionen auf der Basis des Systembildes
Ein eminent wichtiger Aspekt der NEW AGE-Vernetzung ist der jetzt schon vorhandene Kontakt mit der UNO. Mittlerweile wird in einschlägigen Zeitschriften (z. B. Esotera, Freiburg, Nr. 1/86) bereits über die positiven Einflüsse von hohen UNO-Beamten (die NEW AGE-Anhänger sind) auf die Politik der UNO berichtet. Anscheinend wollen sich die NEW AGE-Vertreter in missionarischem Eifer der gewaltigen Infrastruktur der UNO zur Durchsetzung ihrer Ziele bedienen.

II. Institutionen auf der Basis des esoterisch-okkulten Ansatzes des New Age
An wichtigen supranationalen NEW AGE-Institutionen sind vor allem drei Organisationen zu nennen:
1. IPS (Institute for Planetary Synthesis), Genf
2. WTT (World Teacher Trust), Indien
3. ESP (Energy System Parameters), USA
Diese drei Organisationen sind zu einem »globalen Dreieck« verbunden, das drei Kontinente umfaßt und den »Einfall kosmischer Energien« aufnehmen und lenken soll.
Daneben existieren noch zahlreiche andere Institutionen, die den NEW AGE-Gedanken verbreiten. In diesem Zusammenhang sei auf das Buch von C. Cumbey verwiesen, das diese Institutionen benennt und ihre Adressen angibt. Außerdem bietet der in Buchhandlungen erhältliche NEW AGE-Kalender »Netzwerk« (SPHINX-Verlag, Basel) eine reiche Auswahl an Adressen.
5 Ein Verzeichnis der Schriften dieser Autoren findet sich bei Cumbey, C., 1983. Die Schriften von A. Bailey sind zu beziehen beim Karl-Rohm-Verlag, Postfach 229, D-7120 Bietigheim.
6 Cumbey, C.: The hidden dangers of the Rainbow – the NEW AGE Movement and our coming age of barbarism, Shreveport, Huntington House, 1983
7 Dies sind nur zwei der wichtigsten NEW AGE-Institutionen in Europa. Adressen: Institut für Planetarische Synthese, Postfach 128, CH-1211 Genf 20; The Teilhard Centre, 23 Kensington Sq., London W8 5HN, Großbritannien. Die älteste NEW AGE-Organisation ist die Findhorn Foundation in Schottland. Adresse: The Findhorn Foundation, Tree Programme, The Park, Forres IV36 OTZ, Großbritannien. Alle genannten Institutionen senden auf Anfrage Informationsmaterial über Grundlagen und Zielsetzung ihrer Arbeit.
8 Ferguson, M.: Die sanfte Verschwörung, S. 149 ff.
9 Russell, P.: Die erwachende Erde, München, 1984, S. 100
10 Ferguson, M.: Die sanfte Verschwörung, S. 189
11 Das »bewußte Universum« ist einer der Lieblingsgedanken der NEW AGE-Vordenker. In dieser Sicht wird das Universum als eine eigenständige, beleb-

te, sich selbst bewußte Wesenheit gesehen. Gleicher Gedanke wie bei der Gaiahypothese, in der die Mutter Erde (Gaia) ein eigenständiges Wesen ist.

12 Russell, P.: Die erwachende Erde, S. 257

5. Grundlagen des NEW AGE

1 Vgl. Ruppert, H. J.: NEW AGE, Wiesbaden, 1985, S. 70

2 Ruppert, H. J.: NEW AGE, S. 71

3 Leisegang, H.: Die Gnosis, Stuttgart, 1985, S. 1 u. 29

4 Ferguson, M.: Die sanfte Verschwörung, Basel, 1982, S. 106

5 Leisegang, H.: Die Gnosis, S. 5

6 Ferguson, M.: Die sanfte Verschwörung, S. 95 ff.

7 ebd., S. 95 ff.

8 ebd., S. 52

9 SPHINX Aug./Sept. 1984: Astrologie des I GING; SPHINX Juni 1981: Von der Parapsychologie zum New Age; SPHINX Juni 1981: Pluto im Skorpion. – Weitere typische NEW AGE- und Esoterik-Zeitschriften sind Esotera (Bauer-Verlag, Freiburg), Die neue Zeitung (F. Köchling-Verlag, Freiburg).

10 Köstler, A., zitiert nach Ruppert, H. J., NEW AGE, Wiesbaden, 1985, S. 23

11 ebd., S. 78 ff.

12 ebd., S. 76 u. 77

6. NEW AGE und Christentum

1 Leisegang, H.: Die Gnosis, Stuttgart, 1985, S. 1

2 Russell, P., Die erwachende Erde, München, 1984, S. 247

3 Cumbey, C.: The hidden dangers of the Rainbow – the NEW AGE Movement and our coming age of barbarism, Shreveport, Huntington House, 1983. – Der Terminus »Antichrist« meint ursprünglich »an Stelle von Christus« und nicht etwa »Gegenchristus«. Im Zusammenhang mit dem NEW AGE-Gedankengut, das selbst einen eigenen »CHRISTUS« ankündigt, erhält die ursprüngliche Bedeutung besonderes Gewicht.

4 Grundmann, H.: Über die Welt des Mittelalters, in: Propyläen Weltgeschichte, Frankfurt, 1965, Band Summa Historica II., S. 376. – Zur Endzeiterwartung Luthers: Luther, M: Eine treue Vermahnung M. Luthers an alle Christen, sich zu hüten vor Aufruhr und Empörung, entnommen der Kritischen Gesamtausgabe Luthers, Band 8, Weimar, 1889.

5 Ferguson, M., zitiert nach Ruppert, H. J.: NEW AGE, Wiesbaden, 1985, S. 66

6 Kübler-Ross, E., in: Das Buch der ganzheitlichen Gesundheit, Bern, 1982, S. 520

7 Die Annahme, daß Sterben ein schönes Erlebnis sein kann, zieht sich quer durch die gesamte NEW AGE-Literatur. Man findet solche Aussagen bei Capra, Ferguson, Trevelyan und anderen. Damit ist gezeigt, daß diese Auffassung von Wesen und Erleben des Todes ein wichtiges Kennzeichen der NEW AGE-Religion ist. Besonders bemerkenswert ist in diesem Zusammenhang, daß sich Elisabeth Kübler-Ross, die durch ihre Bücher zum Thema Sterben und Tod bekannt wurde, scheinbar ganz der NEW AGE-Bewegung angeschlossen hat und nun radikal gegen das Christentum und dessen Auffassung von Tod und Sterben Stellung bezieht. Im Zusammenhang mit der Wiederbelebung der Idee

der Reinkarnation im Rahmen des NEW AGE-Gedankengutes ist auch die vermehrte Hinwendung der Medien zu diesem Thema zu sehen (z. B. Fernsehsendungen, Bücher, Illustriertenartikel usw.). Erst wenn man etwas über die Ziele dieser Bewegung und ihren Verbreitungsmodus weiß (im Sinne von M. Ferguson, s. o. 2.3.), kann man diese Dinge in einem Gesamtzusammenhang sehen.

8 Esotera, Nr. 1/86, Artikel: »Sterben ist ganz anders«, S. 32 ff. In diesem hier angeführten Zitat zeigt sich wieder ganz deutlich, daß das Christentum abgelehnt wird. Die Adjektive »bibelorientiert« und »fundamentalistisch« erhalten einen abwertenden Beigeschmack. Deshalb werden wohl auch Forschungsergebnisse und Person des Arztes Rawlings nicht ganz ernst genommen.

In der existierenden Literatur über die Themen Thanatologie und Reinkarnation lassen sich nahezu immer abwertende Äußerungen über das Christentum finden. Eine interessante Konstellation!

7. Aktuelle Aspekte des NEW AGE

1 Geisler (Hrsg.): NEW AGE – Zeugnisse der Zeitenwende, Freiburg, 1984, S. 70

2 Diese Annahme findet sich bei allen Vordenkern des NEW AGE. Die Evolution ist nach dieser Auffassung das grundlegende, schöpferische und ordnende Prinzip. Die Evolution soll die Menschheit und den gesamten Kosmos schließlich in einem »galaktischen Superorganismus« vereinen (nach Russell, P.: Die erwachende Erde, München, 1984, S. 252 ff.). Die Annahme einer fortwährenden Höherentwicklung bewirkt auch die unglaublich optimistische Grundhaltung des NEW AGE. – Zur Beziehung der Evolutionsthese zur Geistesgeschichte und den aktuellen Geistesströmungen siehe auch Ouweneel, 1984 (s. Literaturverzeichnis).

3 Spretnak, C.: Die GRÜNEN, München, 1985, S. 339

4 C. Cumbey (1983) zitiert in diesem Zusammenhang einen der Vordenker des NEW AGE, der in bezug auf das Verhältnis der fundamentalistischen Christen zum NEW AGE schreibt, »daß alle jene, die dem NEW AGE-Christus Widerstand entgegensetzen, aus der Körperlichkeit entlassen werden und zu einer Dimension geschickt werden, die nicht die körperliche Inkarnation ist.« (Übersetzung vom Verf.) *Originalzitat, S. 185:* ». . . it makes an orthodox Christian or Jew no happier to read the source books for the NEW AGE Movement – the A. Bailey, David Spangler, Agni Yoga, Theosophical, Rosicrucian, H. G. Wells writings – and see cold plans for a nearfuture cleansing-action, especially when the reader realizes he ist among those to be cleansed. Reading that all who express recalcitrance towards the NEW AGE-Christ will be released from physical embodiment and sent to another dimension other than physical incarnation certainly does nothing towards giving the reader warm feelings about the writers and their followers – the NEW AGErs.«

5 Berkeley Holistic Health Center (Hrsg.): Das Buch der ganzheitlichen Gesundheit, Bern, 1982, S. 233 ff., S. 276 ff.

6 Oepen, I. (Hrsg.): An den Grenzen der Schulmedizin, Köln, 1985, S. 48 ff., S. 34 ff., S. 46 ff.

7 Golas, T.: Der Erleuchtung ist es egal, wie du sie erlangst, Basel, 1981; Selecta, 22. 7. 1985, S. 2799; Capra, F.: Wendezeit, Bern, 1983. – Alle bedeutenden

Vordenker des NEW AGE akzeptieren und befürworten den Drogengebrauch zur spirituellen Erfahrung und zur Vereinigung mit dem kollektiven Unbewußten. Man kann in dieser Tatsache eine Auswirkung der permissiven Haltung gegenüber dem Drogengebrauch in der Hippie-Bewegung sowie der übrigen weltweiten Alternativkultur sehen. Gebrauchten diese Leute Psychedelika noch außerhalb des Gesetzes, so streben die NEW AGE-Vordenker einen erlaubten, kontrollierten Drogenkonsum in Medizin und Privatleben an. Spezielle Drogen befinden sich bereits in der Erprobung (s. »Brain/Mind Bulletin«, Hrsg. M. Ferguson, von August 1985 in der Zeitschrift SPHINX).

8 Die Forderung, die gesellschaftlichen Unterschiede in den Rollen von Mann und Frau aufzuheben, findet man bei allen NEW AGE-Autoren. Man sollte nicht vergessen, daß eine der Hauptbegründungen für den radikalen Feminismus der Charakter des Wassermannzeitalters ist (s. Alain the Astrologer). Hier zeigt sich einmal mehr das deutliche Übergewicht des esoterisch-okkulten Ansatzes gegenüber dem vorzeigefähigen wissenschaftlichen Ansatz des NEW AGE (s. 8.).

9 Spretnak, C.: Die GRÜNEN, München, 1985, S. 330. Das Zitat geht weiter: »Ich erwarte jetzt keine päpstliche Enzyklika zu dieser spirituellen Erfahrung, denn gewöhnlich leugnen die Kirchenväter die Existenz der Klitoris überhaupt und bestehen darauf, daß Gott uns die Genitalien ausschließlich zur Reproduktion gegeben hat. Frauen können darüber nur lächeln – und vielleicht hat sogar Gott selbst ein amüsiertes Zucken um ihre Mundwinkel.«

10 Die Idee vom androgynen Menschen geht auf die Orphiten zurück und wird von Platon im »Gastmahl« wieder aufgegriffen. Dort schreibt er (s. Nestle, W.; (Hrsg.): Platon, Hauptwerke, Stuttgart, 1973, S. 115 ff.): »Denn erstlich gab es drei Geschlechter von Menschen. [...] Mannweiblich nämlich war das eine, Gestalt und Benennung zusammengesetzt aus jenen beiden. [...]«
Das androgyne Geschlecht stammt nach dieser Ansicht vom Mond. Die männliche Homosexualität geht nach Platon auf den ursprünglichen, androgynen Zustand zurück: »Die Männer, die Männer lieben, sind die trefflichsten unter den Knaben, weil sie die männlichsten sind von Natur.« (ebd., S. 118)

11 Leisegang (Die Gnosis, Stuttgart, 1985, S. 29) schreibt dazu: »Die Schöpfungsmythen [der Gnosis] sind Theogonien und Kosmogonien. Und so ist auch die Gnosis, die ihren Ursprung in diesem Denken hat, ein einziges großes Mysterium der Geschlechtlichkeit.« – Zum Geschlechtskult der Simonianer: Simon lehrte, man solle sich wahllos dem Verkehr mit der Frau hingeben. »Die Männer werden zur Zeit des Samenflusses, die Frauen aber zur Zeit des monatlichen Blutabgangs zu schimpflichster Vereinigung in den Mysterien zusammengeführt« (nach einer Überlieferung des Epiphanios, zitiert bei Leisegang, S. 82).

12 Alain the Astrologer, zitiert bei Ruppert, H. J.: NEW AGE, Wiesbaden, 1985

13 Die Bibel sagt, daß solche sexuellen Praktiken für Gott ein »Greuel«, eine »Schande« sind (3 Mo 18; Röm 1,26 ff.; 1 Kor 6,9 ff. u. a.).

8. Schlußbemerkungen und Ausblick

1 Der im esoterischen NEW AGE-Gedankengut versteckte Aspekt der extremen Feindseligkeit und Intoleranz gegenüber all jenen, die die synthetische NEW AGE-Religion nicht akzeptieren, läßt für den Fall der weiteren Ausbreitung dieses Gedankengutes Schlimmes befürchten.

2 Dieser Anspruch des NEW AGE wird häufig seitens der NEW AGEr verschwiegen. Die vergleichsweise attraktiven Erscheinungsformen des NEW AGE in unserer Gegenwart sind nur allzuleicht dazu geeignet, von dieser rigiden und unnachgiebigen Zielsetzung abzulenken.

Literatur, Literaturempfehlung

Literatur

Asmussen, J. P.: Handbuch der Religionsgeschichte, Göttingen, 1973

Berkely Holistic Health Center (Hrsg.): Das Buch der ganzheitlichen Gesundheit, Bern, 1982

Berman, M.: Die Wiederverzauberung der Welt, Reinbek, 1986

Berner, U.: Origines, Darmstadt, 1981

Capra, F.: Wendezeit, Bern, 1981

Capra, F.: NEW AGE, in »Dokument und Analyse«, München, 7/85

Capra, F.: Das Tao der Physik, Bern, 1980

Centurio, N. A.: Die großen Weissagungen des Nostradamus, München, 1986

Collins, L.: Bewußter Leben im Hier und Jetzt, München, 1986

Colpe, C.: Synkretismus, Renaissance, Säkularisation und Neubildung von Religionen in der Gegenwart, in Asmussen, J. P. (Hrsg.), Handbuch der Religionsgeschichte, Göttingen, 1973

Cumbey, C.: The hidden dangers of the Rainbow – the NEW AGE Movement and our coming age of barbarism, Shreveport, Huntington House, 1983

dtv-Atlas der Astronomie, München, 1973

Drecken/Schneider: Signale aus dem Jenseits, München, 1979

esotera – Neue Dimensionen des Bewußtseins, Zeitschrift, Bauer-Verlag, Freiburg

Eggenberger, O.: Die Kirchen, Sondergruppen und religiösen Vereinigungen, Zürich, 1986

Frankfurter Allgemeine Zeitung vom 5. 1. 1987: Auf dem »Wege zur Erleuchtung« – im Hinterhof. New Age-Bewegung in Berlin

Frankfurter Allgemeine Zeitung vom 19. 12. 1986: Heil auf Holzwegen? New Age – ein vermeintlich neues musikalisches Phänomen

Frankfurter Allgemeine Zeitung vom 28. 6. 1986: Endzeit oder Wendezeit

French, M.: Jenseits der Macht. Frauen, Männer und Moral, Reinbek, 1985

Ferguson, M.: Die sanfte Verschwörung, Basel, 1982

Ferguson, M.: Geist und Evolution, München, 1985

Fromm, E.: Ihr werdet sein wie Gott, Hamburg, 1980

Fromm, E.: Jenseits der Illusionen, Hamburg, 1981

Gassmann, L.: Die Grünen, Neuhausen-Stuttgart, 1985

Gassmann, L.: NEW AGE und der Antichrist. Kommt die Welteinheitsreligion? Idea-Dokumentation, Wetzlar, 1986

Galling, K. (Hrsg.): Die Religion in Geschichte und Gegenwart – Handwörterbuch für Theologie und Religionswissenschaft, Tübingen, 1960

Geisler (Hrsg.): NEW AGE-Zeugnisse der Zeitenwende, Freiburg i. Br., 1983

Gerken, G.: Zentrale Kategorien des NEW AGE-Denkens, in »Dokument und Analyse«, München, 7/85

Gerken, G./Uebel, J.: NEW AGE – Bausteine für eine neue Zeit, München, 1986

Giese, R.: Einführung in die Astronomie, Darmstadt, 1981

Grof, S.: LSD-Psychotherapie, Stuttgart, 1983

Harnack, A. v.: Die Mission und Ausbreitung des Christentums in den ersten drei Jahrhunderten, Leipzig, 1924

Höfer, J. Rahner, K. (Hrsg.): Lexikon für Theologie und Kirche, Freiburg, 1961

Hunger, H.: Lexikon der griechischen und römischen Mythologie, Wien, Verlag Brüder Hollinek

Huxley, A.: Schöne neue Welt, Frankfurt, 1953

Huxley, A.: Eiland, München, 1985

Huxley, A.: Die Pfoten der Wahrnehmung, München, 1981

Huxley, A.: Moshka. Auf der Suche nach der Wunderdroge, München, 1983

Jedin, H. (Hrsg.): Handbuch der Kirchengeschichte, Freiburg, 1985

Jordan, P.: Schöpfung und Geheimnis, Oldenburg u. Hamburg, 1970

Jung, C. G.: Aion, Freiburg i. Br., 1976

Jung, C. G.: Antwort auf Hiob, ebda.

Jung, C. G.: Bewußtes und Unbewußtes, Frankfurt, 1957

Karbe, K.G. (Hrsg.): Destruktive Kulte – gesellschaftliche und gesundheitliche Folgen totalitärer pseudoreligiöser Bewegungen, Göttingen, 1983

Klauser, Th. (Hrsg.): Reallexikon für Antike und Christentum, Stuttgart, 1950

Lackner, S.: Die friedfertige Natur, München, 1986

Leary, T.: Denn sie wußten, was sie tun, eine Rückblende, Bern, 1986

Leary, T.: Hermann Hesse, ein Prophet des Informationszeitalters, in: SPHINX, Basel, 5/1986

Lexikon der Gegenwart, Dortmund, 1985

Lilly, J. C.: Der Scientist, irdische und kosmische Realität, München, 1986

Lindsay, H.: Alter Planet Erde, wohin?, Wetzlar, 1971

Lindsay, H.: Satan kämpft um diese Welt, Wetzlar, 1972

Leisegang, H.: Die Gnosis, Stuttgart, 1985

MacLuhan, M.: Die magischen Kanäle, Düsseldorf–Wien, 1964

MacNeil, R.: Lähmt Fernsehen das Denken?, in »Readers Digest«, Stuttgart, Mai 1985

Magazin 2000, Zeitschrift, Göttingen

Meurers, J.: Allgemeine Astronomie, Freiburg, 1972

Milz, H.: Ganzheitliche Medizin, Königstein, 1985

Monod, J.: Zufall und Notwendigkeit, München, 1971

Mulack, C.: Jesu weibliches Leiden, in »Dokument und Analyse«, München, 12/83

Muller, R.: Die Neuerschaffung der Welt – auf dem Weg zu einer globalen Spiritualität, München, 1985

Murphy, J.: Die kosmische Dimension Ihrer Kraft. Positives Denken im Einklang mit dem Universum des Geistes, München, 1985

Murphy, J.: Leben in Harmonie. Der Kosmos: Die unversiegbare Quelle Ihrer Kraft. München, 1984

Nestle, W. (Hrsg.): Platon: Hauptwerke, Stuttgart, 1973

Neue Zürcher Zeitung v. 18. 3. 1985: Die optimistischen Kulturkritiker – uralte Weisheiten im modischen Kleid des »NEW AGE«.

Neue Zürcher Zeitung v. 8. 12. 1983: Die Gaia-Hypothese – zu Fritjof Capras Buch »Wendezeit«

Oepen, I. (Hrsg.): An den Grenzen der Schulmedizin, Köln, 1985

139

Oepen, I./Prokop, O. (Hrsg.): Außenseitermethoden in der Medizin. Ursprünge, Gefahren, Konsequenzen, Darmstadt, 1986

Ogiermann, H.: Es ist ein Gott. Zur religionsphilosophischen Grundfrage, München, 1981

Orwell, G.: 1984, Frankfurt–Berlin–Wien, 1976

Ouweneel, W. J.: Evolution in der Zeitenwende, Neuhausen-Stuttgart, 1984

Ouweneel, W. J.: Okkultismus und östliche Mystik, Amtzell, 1985

Peccei, A.: Die Zukunft in unserer Hand, München, 1983

Pestalozzi, H.: Nach uns die Zukunft – von der positiven Subversion, München, 1983

Peterson, E.: Frühkirche, Judentum und Gnosis, Freiburg, 1982

Pietschmann, H.: Das Ende des naturwissenschaftlichen Zeitalters, Frankfurt–Berlin–Wien 1983

Postman, N.: Wir amüsieren uns zu Tode – Urteilsbildung im Zeitalter der Unterhaltungsindustrie, Frankfurt, 1985

Postman, N.: Das Verschwinden der Kindheit, Frankfurt, 1984

Postman, N.: The First Curriculum: the Competition between Media and School, Vortrag anläßlich des Kongresses »Medien–Kultur–Bildung« in Grünwald bei München am 18. u. 19. 6. 1985, Dokumentation des Institutes für Film und Bild in Wissenschaft und Unterricht, München, 1985

Prokop, O.: Der moderne Okkultismus, Stuttgart, 1976

Prokop, O.: Wünschelruten, Erdstrahlen, Radiästhesie, Stuttgart, 1977

Propyläen Weltgeschichte, Frankfurt, 1965

Rahner, K.: Kleines theol. Wörterbuch, Freiburg, 1961

Rahner, K.: Grundkurs des Glaubens – Einführung in den Begriff des Christentums, Freiburg, 1984

Rochedieu, E.: in »Die großen Religionen der Welt«, Band »Von der Antike zum Mittelalter«, Genf, 1972

Rozak, T.: Das unvollendete Tier, Reinbek, 1985

Ruppert, H. J.: NEW AGE – Endzeit oder Wendezeit?, Wiesbaden, 1985

Russell, P.: Die erwachende Erde, München, 1984

Scheidt, J. v.: Wiedergeburt, München, 1982

Scherer, G.: Sinnerfahrung und Unsterblichkeit, Darmstadt, 1985

Schmithals, W.: Neues Testament und Gnosis, Darmstadt, 1984

Sheldrake, R.: Das schöpferische Universum, München, 1984

Sphinx – von alten Traditionen über das Hier und Jetzt zu neuen Dimensionen, Zeitschrift, Basel, Sphinx-Verlag

Silva, C.: Der Weg zu Spitzenleistungen – kreatives Management im NEW AGE, München, 1985

Spretnak, C.: Die Grünen, München, 1985

Stegmüller, W.: Hauptströmungen der Gegenwartsphilosophie, Stuttgart, 1978

Taylor, R.: Das Selbstmordprogramm – Zukunft oder Untergang der Menschheit, Frankfurt, 1971

Tepperwein, K.: Geistheilung durch sich selbst, Genf, 1975

Teilhard de Chardin, P.: Der Mensch im Kosmos, München, 1959

Thompson, W. I.: Gaia-Politik. Persönliche Überlegungen zur Alternativ-Bewegung der Siebziger, in: SPHINX, Basel, 5/1986

Thielicke, H.: Theologisches Denken und verunsicherter Glaube. Eine Hinführung zur »modernen« Theologie, Freiburg–Basel–Wien, 1974

Time (Wochenmagazin vom 8. 9. 1986): NEW AGE Comes of Age. Dreamy soundscapes offer relief from formula pop and rock

Time (Wochenmagazin vom 19. 1. 1987): Rock Power for Health and Wealth. Believers and collectors find new uses for crystals

Tlach, W., Scheffbuch, R., Dietrich, M., Veeser, W.: Biblische Grenzfragen im Bereich der »Neuen Spiritualität«, Neuhausen-Stuttgart, 1982

Toffler, A.: Der Zukunftsschock – Strategien für die Welt von morgen, München, 1983

Trevelyan, G.: Eine Vision des Wassermann-Zeitalters, Freiburg i. Br., 1980

Vester, F.: Unsere Welt – ein vernetztes System, München 1983

Weinberger, F.: Zeitenwende in der Medizin? in »Deutsches Ärzteblatt«, Köln, 82. Jg. Heft 8, 20. Februar 1985

Wehr, G. (Hrsg.): Jakob Böhme: Mysterium Pansophicum, Freiburg, 1980

Wehr, G. (Hrsg.): Jakob Böhme: Christosophia. Ein christlicher Einweihungsweg, Freiburg, 1975

Wehr, G. (Hrsg.): Jakob Böhme: Theosophische Sendebriefe I u. II, Freiburg, 1979

Widengren, G.: Religionsphänomenologie, Berlin, 1969

Wilder-Smith, A. E.: Die Naturwissenschaften kennen keine Evolution, Basel/Stuttgart, 1978

Württemberg Bible Society, Hrsg.: The Greek New Testament, Stuttgart, 1977

Zusätzlich zu der oben angeführten Literatur wurde eine Vielzahl von Broschüren über die wissenschaftlichen, hauptsächlich aber die esoterischen Hintergründe des NEW AGE, sowie Informationsmaterial über Struktur und Zielsetzungen von deutschen, europäischen und außereuropäischen NEW AGE-Institutionen verwendet. Außerdem wurde die einschlägige esoterische Literatur von A. Bailey, Helena Blavatsky usw. benutzt, die hier im einzelnen nicht angegeben wurde.

Literaturempfehlung

Für weiter interessierte Leser können folgende Bücher und Zeitschriften zur Vertiefung des Themas NEW AGE empfohlen werden. Die mit * gekennzeichneten Titel stellen die Sicht der Vertreter des NEW AGE dar.

*Capra, Fritjof: Wendezeit – Bausteine für ein neues Weltbild, Bern, Scherz-Verlag, 1982

*Esotera – Neue Dimensionen des Bewußtseins, Bauer-Verlag, Freiburg, Zeitschrift. Regelmäßige Rubrik »NEW AGE-News«

*Ferguson, Marylin: Die sanfte Verschwörung, Basel, 1982

*Geisler (Hrsg.): NEW AGE – Zeugnisse der Zeitenwende, Freiburg, Bauer-Verlag, 1984

*Magazin 2000 – Magazin für Neues Bewußtsein, Verlag Michael Heesemann, Göttingen, Zeitschrift

*Milz, H.: Ganzheitliche Medizin – neue Wege zur Gesundheit, mit einem Vorwort von Fritjof Capra, Königstein, 1985

Pietschmann, H.: Das Ende des naturwissenschaftlichen Zeitalters, Frankfurt–Berlin–Wien, 1983

*Sillescu, D.: Das NEW AGE-Buch – Bewußtseinswandel in Wirtschaft, Politik, Erziehung u. a., Mainz, 1986

*SPHINX – von alten Traditionen über das Hier und Jetzt zu neuen Dimensionen, Sphinx-Verlag, Basel, Zeitschrift

Kritische Literatur:

NEW AGE:

Cumbey, C.: The hidden dangers of the Rainbow – the NEW AGE Movement and our coming age of barbarism, Shreveport, Huntington House, 1983

Cumbey, C.: Die sanfte Verführung, Aßlar, 1986 (Übersetzung der Orig. Ausgabe)

Ruppert, H. J.: NEW AGE – Wendezeit oder Endzeit?, Wiesbaden, Co-Print-Verlag, 1985

Sehr empfehlenswert: Informationsmaterial zu NEW AGE, herausgegeben von der Evangelischen Zentrale für Weltanschauungsfragen, Hölderlinplatz 2a, 7000 Stuttgart 1 (kann dort angefordert werden).

Zur Alternativmedizin:

Oepen, I. (Hrsg.): An den Grenzen der Schulmedizin, Köln, Deutscher-Ärzte-Verlag, 1985

Oepen, I./Prokop, O. (Hrsg.): Außenseitermethoden in der Medizin. Ursprünge, Gefahren, Konsequenzen, Wissenschaftliche Buchgesellschaft, Darmstadt, 1986

Zukunfts-Chinesisch

von
Eduard Ostermann

Pb., 180 S.,
Nr. 56 607

Was ist von den vielen einander widersprechenden Prognosen zur
Zukunft zu halten? Politiker und Philosophen haben in Büchern
und Zeitschriften positiv und machbar klingende Krisen-Kon-
zepte vorgelegt. Dr. Ostermann analysiert Aussagen von Willy
Brandt, Kurt Biedenkopf, Erich Fromm, Aurelio Peccei, Wolf-
gang Roth und Lothar Späth. Er ruft wissenschaftlich gesicherte
Fakten der Begrenzung unserer Ressourcen ins Gedächtnis. Als
Experte für Wirtschafts- und Zukunftsfragen bietet der Autor
eine faszinierende Zusammenschau harter Tatsachen und christlicher Aussagen. Er entwickelt die Dimension einer realistischen
Hoffnung, die uns vor zwei folgenschweren Fehlern bewahrt:
unrealistischen Erwartungen und davor, den Kopf in den Sand
zu stecken.

3 Die Krise und die Chance

Es geht mir nicht um Buchstaben, um Druckerschwärze, auch nicht um das Schreiben eines Sachbuches. Bücher, besonders Sachbücher, können so unpersönlich sein. Und wir leben in einer Zeit der Unpersönlichkeit, in einer Epoche der Angst, in der die Medien nur allzuoft unseren Lebensinhalt bestimmen wollen.

In Wirklichkeit tragen wir aber alle nur Masken, in Wirklichkeit haben wir Kummer und Sorgen und täuschen unsere Umwelt, in Wirklichkeit sind wir sehr, sehr einsam. Und deshalb lege ich soviel Wert darauf, daß Sie dieses Buch mitdenken. Wir brauchen uns nicht wie Schafe zur Schlachtbank führen zu lassen; wir sind nicht zum Vegetieren, sondern zum Leben geschaffen.

Die Krise und die Chance – bei uns sind das zwei Begriffe, in China gibt es dafür nur ein kombiniertes Schriftzeichen. Beide Worte hängen eng zusammen. In der Krise wird nach einem Ausweg, nach einer Rettung, nach einer Erlösung, nach einer Möglichkeit, die Krise zu überwinden, gesucht. Wir suchen eine Chance.

In diesem Abschnitt nehmen wir die Begriffe »Krise« und »Chance« sehr ernst. Wenn wir die Krise nicht überwinden, führt sie zu einem Zusammenbruch, zum Tod. Und wenn wir die richtige Chance ergreifen, führt sie zum Leben.

3.1 Die Krise in der Rückschau

Wir müssen nochmals zurückschauen und das bisher Geschriebene zusammenfassen. Wir Menschen neigen dazu, rasch etwas emotionell zu erfassen, und das trübt immer den Blick. Dem ersten Abschnitt gaben wir die Überschrift »Auf dem Weg in die Katastrophe«. Darin hoben wir besonders hervor, daß unsere Erde eine einmalige Konstruktion ist, daß es weder eine Ersatzerde noch einen Notausgang gibt und daß es auf einer so begrenzten Erde kein unbegrenztes Wachstum geben kann.

Wir gingen vom Begriff »Wirtschaft« aus, zerlegten dieses Wort in seine Inhaltsbestandteile Erde, Mensch, Produktion, Verbrauch und

Arbeit und stellten dabei fest, daß allen diesen Elementen sehr enge Grenzen gesetzt sind.

Unsere sechs Autoren sehen die Weltsituation ähnlich wie wir. Lassen wir in diesem Zusammenhang Kurt Biedenkopf sprechen: »Wieder einmal hat die Menschheit in ihrer Entwicklung einen Punkt erreicht, an dem es scheint, als seien die Grenzen und die Beschränkungen, die ihr gesetzt sind, größer als ihre Möglichkeiten. Zum ersten Mal sind wir mit der Endlichkeit der Welt und ihrer bekannten Möglichkeiten und Vorräte und nicht nur mit der Beschränkung unserer augenblicklichen Fähigkeiten konfrontiert« (S. 34/35).

Wir befinden uns, und das ist unumstritten, in einer noch nie dagewesenen, einmaligen, kritischen Situation, die durch das rapide Anwachsen der Weltbevölkerung noch täglich verschärft wird.

Dem zweiten Abschnitt gaben wir die Überschrift »Noch tiefer in das Chaos hinein«. Wir gingen vom philosophischen Begriff »Grunderlebnis« aus und stellten fest, daß sich alle politischen Programme, alle Philosophien, ja sogar alle Publikationen auf ihr Grunderlebnis, d. h. auf ihre Urbasis zurückführen lassen. Es gibt, wie wir sahen, nur zwei Grunderlebnisse: das empiristische mit dem evolutionistischen Menschenbild und das idealistische Grunderlebnis, das im Menschen eine Schöpfung Gottes sieht. Die Evolution, wie sie im empiristischen Grunderlebnis gelehrt wird, geht davon aus, daß sich die Materie von selbst so organisierte, daß daraus Leben entstand und daß aus diesem Leben durch den Mutations-Selektionsmechanismus die Arten und auch der Mensch entstanden seien. Die Evolution basiert auf den naturwissenschaftlichen Erkenntnissen des vorigen Jahrhunderts, Erkenntnisse, die schon seit vielen Jahren überholt sind, wie wir eingehend festgestellt haben. Nur die Gesellschaftswissenschaften scheinen das noch nicht erfaßt zu haben und klammern sich verbissen an diesen alten, unrealen, nicht stimmenden Erkenntnissen fest. Sie wollen nicht wahrhaben, daß die Basis all ihrer Überlegungen, all ihrer Programme falsch ist.

Unsere sechs Autoren basieren ihre gesamten Zukunftsprognosen auf falschen Hypothesen und führen uns deshalb nicht aus der Katastrophe hinaus, sondern tiefer in das Chaos hinein. Ein hartes Urteil? Nun, alle sechs Autoren verkaufen Hoffnung, bieten Lösungsvorschläge, Krisenprogramme an und müssen es sich daher gefallen lassen, daß wir uns ihre rosarote Brille, mit der sie die Welt betrachten, genauer ansehen. Und eben der Blick durch diese Brille erweist sich als falsch. »Die Naturwissenschaft kennt keine Evolution« – unter diesem Titel ist sogar ein Buch erschienen. Aber das hat alles nicht geholfen. Die Gesellschaftswissenschaften wollen eben die Wahrheit nicht zur Kenntnis nehmen.

Ist es nicht unverständlich, daß intelligente, gebildete, in der Gesellschaft anerkannte Menschen wie unsere sechs Autoren, sich an etwas anklammern, das längst überholt ist, und daß sie ihre rosarote Brille aus dem Ladenhüterarsenal der Naturwissenschaft entnommen haben? Ist es nicht unbegreiflich, daß die Boulevardpresse, die Medien und die Tagesschauen, die ja sonst immer das Gras wachsen hören, hier noch nicht erkannt haben, daß sie ganz unrealistische Programme mit völlig falschen Vorschlägen angeboten bekommen? Vorschläge, die nicht aus der Krise heraus, sondern noch tiefer in sie hineinführen.

Wo liegt hier die Lösung? – in der Befreiung vom materialistischen Denkschema. Und so möchte ich hier nochmals Prof. Dr. Bruno Vollmert zitieren:

> »Mit der Frage nach der Entstehung des Lebens ist es in dieser Hinsicht wie mit der Frage nach der Entstehung der Materie. Als Albert Einstein von einem Journalisten einmal danach gefragt wurde, soll er als Antwort nur mit dem Finger nach oben gedeutet haben. Diese bescheidene Geste des großen Physikers nehme ich auch als die unter naturwissenschaftlichen Aspekten einzig angemessene Antwort auf die Frage nach der Entstehung des Lebens, das mehr ist als selbstorganisierte Materie.«

Und hier noch ein weiteres Zitat von Einstein: »Es gibt nur eine Stelle in der Welt, wo es nicht dunkel ist: das ist Jesus Christus.«

Die Grünen – eine Alternative? Kritische Überlegungen

von
Lothar Gassmann

TAGESFRAGEN
140 S., Nr. 57 323

Das merkt man Zeile für Zeile: Da schreibt einer, der weiß, wovon er spricht. Lothar Gassmann, Jahrgang 1958, hat selbst lange in Umweltschutzverbänden mitgearbeitet und »Die Grünen« gewählt. Von 1977 bis 1982 gibt es zahlreiche Flugblätter, Zeitungs- und Zeitschriftenartikel zu ökologischen Themen aus seiner Feder. Jetzt legt der junge Tübinger Doktorand eine fundierte »kritische Überlegung« vor und fragt: »Die Grünen – eine Alternative?« Dabei bietet Gassmann neben seinen Insider-Kenntnissen frappierende Zitate und entlarvende Belege. Grüne Philosophie wächst nicht auf Bäumen, sondern wird von Menschen in ganz bestimmter weltanschaulicher Tradition gemacht. Sein Schluß: Die ideologischen Grundlagen dieser Partei sind Neomarxismus und neuheidnische Naturmystik, mit christlichem Gedankengut schlechterdings unvereinbar. Sein »Finger weg für Christen« begründet der Ex-Grüne überzeugend. In einem historischen Überblick zeigt er Wurzeln und Geschichte der grünen Bewegung auf. Hier werden Namen und Fakten genannt, die zu denken geben. Redenausschnitte, Programmauszüge und Pressezitate belegen seine Grundthese: Die wesentlichen Positionen der Grünen lassen für Christen keinen Raum für Mitarbeit. Ausführlich schildert Gassmann die Philosophie dieser Bewegung und vergleicht sie mit den Grundaussagen des christlichen Glaubens. Schließlich stellt er der grün-idealistischen Naturschwärmerei und buntillusionären Utopie den »christlichen Realismus« gegenüber. Dabei bleiben Umweltschutz und Schöpfungsverantwortung nicht ausgeklammert, werden aber um die Bereiche »Innenweltschutz« und Hoffnung ergänzt. Abschließend beleuchtet Gassmann thesenartig die Grundzüge des Neomarxismus der Frankfurter Schule und konfrontiert sie mit den biblischen Thesen des christlichen Glaubens. Es bleibt also nicht bei bloßer Kritik. Der Theologe Gassmann bringt eine »biblische« Alternative zur (grünen) Alternative. Die Auflagenhöhe dieses Buches wird zeigen, wie tolerant jene Kreise nun wirklich sind, die im kirchlichen, pädagogischen und politischen Bereich dieses Wort permanent im Munde führen. Denn vorbei kann an Gassmanns Buch, das übrigens durch ein fleißiges Anmerkungs- und Literaturverzeichnis ergänzt wird, kein ernsthafter Diskutant der Grünen. Was für die SPD die Ex-genossen Schwan und Steinbuch, das ist Lothar Gassmann nun für die Grünen: Ein profunder Kritiker mit entlarvenden Insiderkenntnissen. Wenn die Grünen mit ihrer »Fünf-vor-zwölf-These« Stimmen fangen, dann ist es bereits eins vor zwölf für dieses Buch.

4.3. Das Gespräch mit den Grünen

»Prüft alles, und das Gute behaltet« – von diesem Grundsatz waren wir im Kapitel B.1. ausgegangen. Kann ein Christ nach allem, was wir über die Ideologie der Grünen herausgearbeitet haben, in ein Gespräch mit ihnen eintreten? Grundsätzlich durchaus. In der Diagnose der Mißstände in der Welt und im Willen zur Abhilfe können Christen und Grüne in manchen (nicht in allen) Punkten eine Übereinstimmung finden. Sehr viel schwieriger wird eine Übereinstimmung in den Fragen nach Ziel und Weg der Abhilfe. Und vollends unmöglich ist ein Zusammengehen im ideologischen Fundament. Ein Christ kann (und sollte!) vielfach die Beunruhigung der Grünen teilen; ihre Weltanschauung kann er nicht übernehmen.

Wir wollen hier zum Schluß – gleichsam als Kurzwegweiser zum Gespräch mit den Grünen – stichwortartig zusammenfassen, wozu ein Christ in einem solchen Gespräch ja sagen kann und wo ihm ein entschiedenes Nein geboten ist. (Die wichtigsten Bibelstellen sind noch einmal in Klammern genannt.) Dabei ist zu beachten, daß Ja-Teile *nicht* mit Forderungen und Programmteilen der Grünen identisch sind, sondern lediglich in diesen enthaltene positive Aspekte bezeichnen. Ferner benutzen wir nicht das Vokabular der Grünen, sondern formulieren vom Christlichen her; Worte wie »Sünde« und »Unzucht« z. B. sind in grünen Kreisen selbstverständlich Fremdworte.

Es versteht sich von selbst, daß ein solches Gespräch nur in dem Maße fruchtbar sein kann, in welchem der grüne Gesprächspartner offen und bereit ist, seine ideologischen Bindungen in Frage stellen zu lassen.

Und hier also das *Ja und Nein des Christen.*

1. *Ja* zu einem schonend haushaltenden Umgang mit der Schöpfung in Verantwortung vor Gott, ihrem Schöpfer (1 Mo 2,15; 3 Mo 25,23; Ps 8,5 ff. u. ö.).

   Nein zu einer Vergötzung von Naturkräften und Naturgottheiten (z. B. Feminismus) (Jer 2,13; Gal 4; Kol 2 u. ö.).

2. *Ja* zum Einsatz für den Frieden im Wissen um die menschliche Sünde und Unfähigkeit und im Vertrauen auf die Kraft Christi (Jes 53,5; Joh 14,27; Röm 5,1; Gal 5,22; Eph 2,14; Offb 21 u. ö.).

   Nein zur Utopie eines allein von Menschen zu schaffenden Weltfriedensreiches im illusorischen Vertrauen auf einen »guten aktivierbaren Kern im Menschen« (1 Mo 8,21; Ps 51,4; Jes 48,22; Jer 6,13 f.; Röm 3 u. ö.).

3. *Ja* zum konsequenten Einsatz für das Leben von Mensch, Tier und Umwelt (1 Mo 2,15; 5 Mo 22,1 ff.; Spr 12,10 ff.; Jes 11,6 ff.; Röm 8,18 ff. u. ö.).

   Nein zur Tötung des Kindes im Mutterleib (2 Mo 20,13; Ps 22,11; 71,6; 139,13 ff.; Jes 1,5; Lk 1,15.41.44).

4. *Ja* zur Gleichwertigkeit und Gleichberechtigung von Mann und Frau (1 Kor 12,27; Gal 3,28; Eph 5,21 ff. u. ö.).

   Nein zur »Gleichartigkeit« und »Gleichmachung« von Mann und Frau (1 Mo 1,27 f.; 5,1 f.; 5 Mo 22,5; 1 Kor 7,17 ff.; Eph 5,21 ff. u. ö.).

5. *Ja* zur Liebe gegen Sünder, die tätige Hilfe und Zuspruch der Vergebung einschließt (3 Mo 19,18; Mt 9,12 f.; Joh 8,11; 1 Jo 1 ff. u. ö.).

   Nein zum Gutheißen der Sünde, z. B. der Unzucht und sexuellen Perversion (3 Mo 18; 5 Mo 22,13 ff.; Mt 19,1 ff.; Joh 8,11; Röm 1,26 ff.; 1 Kor 5 f.; Hebr 13,4 u. ö.).

6. *Ja* zum Einsatz für mehr Demokratie und Menschenrechte auf konstruktivem und legalem Weg (Gal 3,28; Eph 6,9; Phlm 16 u. ö.).

   Nein zu illegalen, anarchistischen und staatszerstörenden Maßnahmen; nein zur (gezielten) Herbeiführung des Chaos und der zwangsläufig darauf folgenden Diktatur (Spr 11,11; Mt 22,15 ff.; Röm 13,1 ff.; 1 Petr 2,13 ff. u. ö.).

7. Deshalb:
   Ja zu maßvollen und berechtigten Forderungen, die »der Stadt Bestes« (Jer 29,7) suchen.

   Nein zur neomarxistischen Taktik der »moralischen Überbietung«, die aus einer Haltung der Staatsfeindschaft heraus nur die »Brüchigkeit des bestehenden Systems« aufzeigen will und daher gezielt Forderungen stellt, die unrealistisch oder unerfüllbar sind.

Reinhard König
Sanfte Heilverfahren

Geistige Heilung, Akupunktur, Homöopathie, Irisdiagnostik, Pendeln und Wünschelrute, Chiropraktik u a.
Pb., ca. 160 S., Nr. 56628, ca. DM 16,80

Eine sachlich fundierte Information über weitverbreitete »sanfte Heilverfahren«. Die Kenntnis der geistigen Hintergründe »sanfter Heilverfahren« ist wichtig für jeden, der sich ein eigenes Urteil bilden will. Die Vereinbarkeit dieser Grundposition mit dem christlichen Glauben wird von dem Autor, der Mediziner ist, kritisch geprüft.

Traugott Kögler
Anthroposophie und Waldorf-Pädagogik
Ansätze einer kritischen Analyse
Pb., 68 S., Nr. 57302, DM 8,80

Angesichts der öffentlichen Schulmisere sehen viele in den Waldorfschulen die »menschlichwertvollere« Alternative. In seinen »Ansätzen einer kritischen Analyse« stellt der engagierte Pädagoge die Grundlagen der Anthroposophie dar. Er untersucht das Menschenbild der Waldorf-Pädagogik und hinterfragt es aus christlicher Sicht.

Vera Pierott
Anthroposophie – eine Alternative?
Tb., 256 S., Nr. 70335, DM 10,80

Eine Auseinandersetzung mit dem Leben Steiners und dem anthroposophischen Gedankengut. Man spürt die persönliche Betroffenheit der Autorin, die sich jahrelang mit diesem Thema befaßt hat. Ausführlich stellt sie die Thesen Steiners dar und prüft kritisch, ob sich christliche und anthroposophische Denkweisen vereinbaren lassen.

Bitte fragen Sie in Ihrer Buchhandlung nach diesen Büchern!
Oder schreiben Sie an den Hänssler-Verlag, Postfach 12 20, D-7303 Neuhausen-Stuttgart

Eckart Flöther
Der Todeskuß
Wahn und Wirklichkeit der Bhagwan-Bewegung
Pb., 272 S., Nr. 57 317, DM 19,80

Auf dem Hintergrund eigener Erfahrungen entlarvt Eckart Flöther Bhagwan und seine Bewegung als gefährliche Verführer. Er ergründet die erschreckenden Phänomene der Entpersönlichung des Menschen. Die Beziehung zum Gott der Bibel ist die Voraussetzung für echtes Heil. Ein kompetenter und sachlicher Beitrag.

Pat Means
Im Irrgarten östlicher Mystik
Pb., 300 S., Nr. 71 169, DM 16,80

Weil Tausende von Menschen ahnungslos in den Irrgarten östlichen Denkens hineingehen, deckt der fachkundige Autor sie Hintergründe auf. Er erklärt, was hinter Begriffen wie Karma, Wiederverkörperung und Seelenwanderung steckt. Sie lernen den Hinduismus, den Krishna-Kult und den Buddhismus kennen. Vor allem aber zeigt Means, wie eine christliche und biblisch begründete Antwort auf diese Fragen aussieht.

Richard Kriese
Okkultismus im Angriff
Pb., 224 S., Nr. 71 073, DM 19,80

Die okkulte Welle überschwemmt die westliche Welt. Der Aberglaube vom Horoskop bis zum Talisman unterwandert alle Schichten der Bevölkerung. Kriese stellt die verschiedenen Spielarten des Aberglaubens vor und enttarnt Magie und Spiritismus. Er kombiniert Fakten und Erlebnisberichte nach Art eines Sachbuchs.

Bitte fragen Sie in Ihrer Buchhandlung nach diesen Büchern!
Oder schreiben Sie an den Hänssler-Verlag, Postfach 12 20, D-7303 Neuhausen-Stuttgart